U0597338

酒店前厅部

精细化管理与标准化服务

袁照烈 编著

人民邮电出版社

北　京

图书在版编目（CIP）数据

酒店前厅部精细化管理与标准化服务 / 袁照烈编著
. -- 北京 : 人民邮电出版社, 2016.3
ISBN 978-7-115-41860-9

Ⅰ. ①酒… Ⅱ. ①袁… Ⅲ. ①饭店－商业管理②饭店
－商业服务 Ⅳ. ①F719.2

中国版本图书馆CIP数据核字(2016)第037259号

内 容 提 要

互联网技术和大数据技术的快速发展，给酒店业带来了机遇与挑战。就酒店前厅部来说，大数据带来的挑战和工作方式的变革是酒店管理人员尤其是酒店前厅部管理人员不可回避的现实。

为了帮助酒店前厅部在新形势下做好转型和精细化管理，提升竞争能力和内外部用户体验，本书从"精细化管理"和"标准化服务"两个角度出发，全面细化了酒店前厅部的各大工作事项。全书采用图文并茂的形式，将酒店预订处、接待处、礼宾处、商务中心、收银处等部门的岗位设置、岗位职责、岗位绩效考核、工作程序、服务标准等一一展现。同时，为了方便读者直接开展相关工作，本书还给出了工作执行过程中所需的文书或表单。

本书适合酒店管理人员阅读，也适合作为酒店前厅部一线人员的岗位培训教材和高校酒店管理专业的教材教辅。

◆ 编　　著　袁照烈
　　责任编辑　庞卫军
　　执行编辑　程珍珍
　　责任印制　焦志炜

◆ 人民邮电出版社出版发行　　　　北京市丰台区成寿寺路 11 号
　邮编 100164　　电子邮件 315@ ptpress. com. cn
　网址 https://www. ptpress. com. cn
　涿州市殷润文化传播有限公司印刷

◆ 开本：787×1092　1/16
　印张：12. 5　　　　　　　　　　2016 年 3 月第 1 版
　字数：150 千字　　　　　　　　 2025 年 8 月河北第 40 次印刷

定　价：39.00 元
读者服务热线：（010）81055656　印装质量热线：（010）81055316
反盗版热线：（010）81055315

前　言

互联网的快速发展，大数据的风起云涌，给传统的酒店业带来了机遇与挑战。有业内人士表示，酒店行业已经从"连锁时代"进入了"互联网时代"，急速扩张的互联网周边应用是酒店业未来发展的大势所趋。但是，不管技术手段如何先进，服务手段如何创新，在这个行业，一餐一宿的质量和品质依旧重要，甚至可以这么说，用户体验和服务正在成为酒店行业新的竞争重心。

紧跟潮流，不断创新，是互联网＋大潮对酒店业提出的新挑战、新要求，酒店业在迎接这个挑战的过程中，除了要引入互联网思维、应用互联网技术，更要回归商业的本质，找到用户真正的痛点、痒点，为用户创造价值。

为了帮助酒店业做好转型、提升服务质量，顺利实现互联网＋，普华经管联合弗布克管理咨询公司，从**"精细化管理"**和**"标准化服务"**两个最具价值也是酒店业在互联网时代转型突围的重要角度入手，开发了《酒店财务部精细化管理与标准化服务》《酒店营销部精细化管理与标准化服务》《酒店餐饮部精细化管理与标准化服务》《酒店前厅部精细化管理与标准化服务》《酒店客房部精细化管理与标准化服务》共五本图书。

五本图书分别阐述了酒店营销部、财务部、客房部、前厅部、餐饮部五个部门的管理事宜和具体工作开展的标准。同时，为了迎合当下酒店业转型和互联网＋的趋势，加入了之前酒店管理类图书极少涉及的内容，比如大数据对酒店财务部管理的影响、餐饮部如何应用大数据、大数据在酒店前厅业务中的应用、互联网＋对酒店营销工作的影响、移动互联网在客房部运营中的应用等。

《酒店前厅部精细化管理与标准化服务》一书对大数据时代酒店前厅部的运作趋势进行了分析，并从新形势出发，对酒店前厅部的**岗位设置、岗位职责、绩效目标、工作程序、关键问题**逐一展开论述。

岗位设置：针对酒店前厅部提供的每一项服务，设定相应的服务岗位，明确岗位名称、岗位数量和层级关系。

岗位职责描述：针对酒店前厅部每一个具体的工作岗位，对岗位职责予以详细描述，明确任职者的具体工作事项和在组织中所处的位置。

岗位绩效考核：针对酒店前厅部每一个具体的工作岗位，设计考核内容、考核指标及目标值，以便于管理人员、人力资源部开展绩效考核评价工作。

工作程序：针对酒店前厅部日常工作，均进行工作程序和步骤设计，设定明确、具体的服务目标，并就关键问题点进行特别提醒和说明。

服务标准：针对酒店前厅部每项具体工作要达到的要求，给出详尽的服务标准和规范，让读者清楚每项工作应达到的标准。

文书表单：针对酒店前厅部的每项工作，给出执行过程中所需的文书或表单，方便读者参照使用。

问题解决：针对酒店前厅部在工作中经常会遇到的问题，给出了问题解决方案，帮助酒店财务人员解决现存的问题、预防可能发生的问题。

在本书编写过程中，彭召霞、孙立宏、刘井学、阎晓霞负责资料的收集和整理，贾月、邹霞、贾晶晶负责图表的编排，姚小凤负责编写本书的第一章，刘俊敏负责编写本书的第二章，宋丽娜负责编写本书的第三章，高春燕负责编写本书的第四章，赵全梅负责编写本书的第五章，毛文静负责编写本书的第六章，全书由袁照烈统撰定稿。

目　录

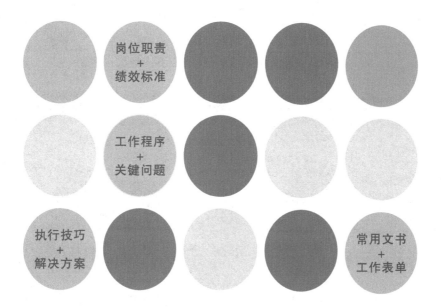

岗位职责
＋
绩效标准

工作程序
＋
关键问题

执行技巧
＋
解决方案

常用文书
＋
工作表单

第一章

前厅部岗位设置与规范制度设计

第一节　前厅部服务事项与岗位设置

一、大数据在酒店前厅部业务中的应用

随着互联网络的发展，我们已经进入大数据时代。在大数据时代，每一个行业和每一个企业都可以通过对大量数据的收集、统计分析和应用来提升经营效益、增加营业收入。大数据在酒店行业也同样可以发挥很大的作用。酒店经营管理人员通过分析大数据，调整经营策略，明确在新形势下经营的重点……

那么，我们应如何将大数据管理结果应用到酒店前厅的日常经营与管理呢？下面我们对大数据在酒店前厅管理中的应用进行说明。

我们围绕客户选择和入住酒店的整个过程，将酒店前厅管理事项分为住前、住中、住后和结算四个环节，不同环节均有不同的数据。酒店可以通过对这四个环节的数据分析、挖掘，为前厅管理提供决策依据，具体体现在以下几个方面。

首先，预订前的数据，即客户入住前的选择行为数据，如在百度等搜索引擎上的搜索行为，在在线旅游网（简称 OTA）上的搜索、浏览、预订行为等，这些数据反映整个市场需求和客户偏好，酒店可以依此数据进行消费行为的预判和旅游产品的研发。

其次，住中数据，即在客户预订和入住酒店的过程中形成的数据，酒店可以收集客户预订及入住过程中形成的预订时间和入住时间、入住价格、入住周期、客户类型、客户年龄等数据，然后对数据进行汇总、统计和分析，针对前厅的个性服务和客户的预订行为进行详细、周全的策划，以有效提升客房的出租率。

再次，住后数据，即用户住后的反馈数据，酒店还可以运用大数据管理的思维，对客户入住后的服务项目、服务要求和对服务的点评等数据进行挖掘，了解客户的服务需求偏好，有针对性地提供相应的服务。同时，还可以通过数据的挖掘和分析，了解酒店内接待、商务中心、早餐等服务项目的质量以及服务不周到的地方，为改善服务问题、提升服务质量提供决策依据。

最后，结算数据，即客户退房结算产生的数据，酒店可以通过大数据管理系统对客户入住频率和平均每次消费额等情况进行分析，确定是否在收款过程中给予客户一定的折扣或积分，以提升客户的满意度和对酒店的忠诚度。

二、前厅部服务事项

在大数据普遍应用的大背景下，酒店前厅部的服务事项安排如下。

服务事项	服务工作任务	服务工作任务描述
1. 预订服务	(1) 客房预订	① 受理客房预订业务，接受客人以电话、信函、传真、互联网及口头等形式的预订 ② 提供客房、价格等相关咨询服务，积极向客人推荐本酒店的客房产品，完成客房销售工作
	(2) 车辆预订	① 接受客人预订车辆的请求，弄清客人到达的目的地及所需时间 ② 记录预订车辆的相关信息，以便将订单下发到迎宾处和车队
	(3) 代客订车	① 了解客人的订车需求，确认客人的订车日期、时间、人数、所需车型及目的地 ② 根据酒店客人的具体需要，联系正规、信誉较好的出租车公司，代客人预订出租车
2. 接待服务	(1) 住离店接待	① 接待住店客人（包括团队客人、散客、常住客人、有预订手续的客人和没有预订手续的客人等），为客人办理入住登记手续，并分配令其满意的客房 ② 与相关部门保持联系，特别是预订处和客房部，掌握住客动态及信息资料，控制房间状态，做好客房的出租工作
	(2) 话务服务	① 为客人提供转接电话、叫醒、设置"请勿打扰"等话务服务 ② 从事开通长途电话服务及停电话务处理工作 ③ 向客人提供电话咨询服务，如旅游、交通等相关信息
	(3) 代办服务	① 向客人提供留物转交、代订车票及代印名片等服务 ② 向客人提供代购、代寄、代取、代送等服务 ③ 妥善处理客户留言，避免出现客户投诉 ④ 对于客人的投诉转告给接待处及大堂副理等相关人员

（续表）

服务事项	服务工作任务	服务工作任务描述
3. 礼宾服务	（1）接送服务	① 在机场、车站为客人提供接送服务 ② 客人到达或离开时，在大门外和大堂内迎送客人
	（2）门前服务	① 及时、恰当地为客人提供开门、拉门、代叫出租车及拉车门等服务 ② 帮助老、弱、病、残客人上下车以及进出酒店 ③ 为客人提供雨具、手摇轮椅车等物品的租借服务
	（3）行李服务	① 为散客提供行李运送服务 ② 收集、装卸团队行李，并请领队和司机确认交接 ③ 为客人提拿行李，并护送其前往预订的客房 ④ 办理客人行李的寄存手续，确保行李安全
	（4）引领、介绍服务	① 引领客人到达指定房间，向客人介绍房间设施及其使用方法 ② 适时宣传酒店的服务项目、服务特色等
	（5）泊车、叫车服务	① 客人开车到酒店时，帮助其将车开到停车场 ② 客人离开时，帮客人叫车
4. 商务服务	（1）商务用品租赁服务	① 为客人提供电脑出租、物品租用等服务 ② 为客人办理物品租赁结算手续 ③ 耐心解答客人的疑问，尽量满足客人的需求
	（2）提供秘书性服务	① 为客人提供传真、打字、复印等服务 ② 为客人计算办理业务的费用
	（3）销售服务	① 向光顾的客人介绍、销售各种商品 ② 协助收银员收取所售出商品的款项 ③ 定期做好商品盘点工作 ④ 编制并上交营业日报表
5. 收银服务	（1）离店结账服务	① 为客人办理离店结账服务 ② 回答客人提出的结账疑问
	（2）零钱、外币兑换	① 向客人提供外币兑换服务 ② 及时更新外汇牌价 ③ 按照客人的要求，提供零钱兑换服务

三、前厅部岗位设置

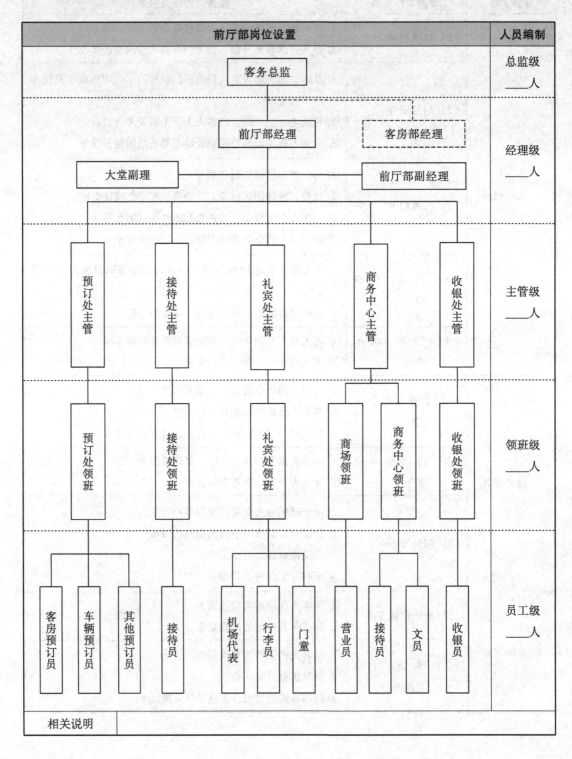

前厅部岗位设置	人员编制
客务总监	总监级 ——人
前厅部经理　客房部经理	经理级 ——人
大堂副理　前厅部副经理	
预订处主管　接待处主管　礼宾处主管　商务中心主管　收银处主管	主管级 ——人
预订处领班　接待处领班　礼宾处领班　商场领班　商务中心领班　收银处领班	领班级 ——人
客房预订员　车辆预订员　其他预订员　接待员　机场代表　行李员　门童　营业员　接待员　文员　收银员	员工级 ——人
相关说明	

第二节　前厅部岗位职责描述

一、客务总监岗位职责

岗位名称	客务总监	所属部门	酒店高层	编　号	
直属上级	酒店总经理	直属下级	前厅部经理 客房部经理	晋升方向	
所处管理位置	\				
职责概述	制订各项营业计划并组织实施，指导酒店前厅部及客房部开展客人接待与服务工作				

职责	职责细分	职责类别
1. 制订计划及规范文件	（1）制订前厅部和客房部的总体运行计划、各项经营指标及规章制度，下达任务并进行统筹实施	周期性
	（2）根据市场和酒店客房的销售情况，参与制定酒店客房价格策略	周期性
	（3）根据市场行情及客房销售情况，对前厅部及客房部的各项服务工作制定改进办法，并组织实施	周期性
	（4）制定并控制前厅部及客房部的运营成本及各项费用	日常性
2. 酒店营业管理	（1）定期向总经理汇报前厅部及客房部运行计划的执行情况、资金运用情况、机构和人员调配情况及其他重大事宜	周期性
	（2）参与对酒店组织结构的规划和总体经营计划的制订工作，进一步优化酒店的客人接待与服务系统	日常性

（续）

职责	职责细分	职责类别
2. 酒店营业管理	（3）协调前厅部、客房部与其他各部门之间的关系及内部关系，确保客人接待服务的连贯性	日常性
	（4）参考所辖部门内客人投诉及提出问题的情况，做出批示并将客人的意见融入酒店服务政策的制定和实施中	特别工作
3. 员工管理	（1）提名前厅部经理、客房部经理的任免，交酒店总经理批准	特别工作
	（2）核准所辖部门内除前厅部经理、客房部经理外所有管理人员的任免，并交人力资源部存档	特别工作
	（3）制定和评估前厅部经理、客房部经理的年度绩效考核，审核所辖部门内基层管理人员年度绩效考核的标准与方法	日常性
	（4）遵照酒店的人事政策和人力资源计划，制订前厅部、客房部各级人员的培训计划并组织实施，以提升一线服务人员的综合素质	周期性

二、前厅部经理岗位职责

岗位名称	前厅部经理	所属部门	前厅部	编　号	
直属上级	客务总监	直属下级	前厅部副经理 大堂副理 前厅部各主管	晋升方向	
所处管理位置	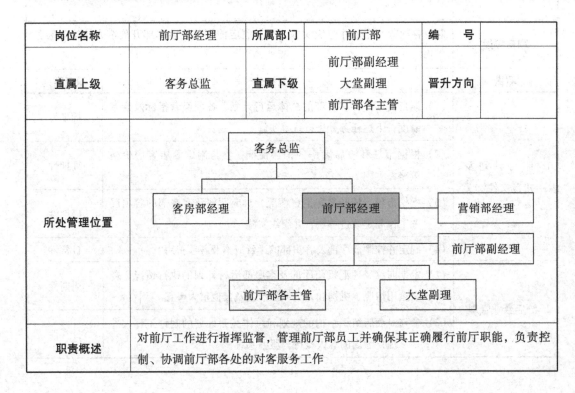				
职责概述	对前厅工作进行指挥监督，管理前厅部员工并确保其正确履行前厅职能，负责控制、协调前厅部各处的对客服务工作				

8

（续）

职责	职责细分	职责类别
1. 制订计划	（1）协助客务总监制定前厅部的各项经营计划、经营指标以及规章制度，并组织实施	周期性
	（2）协助客务总监确定合理的房价，并做好订房率的预测工作	周期性
	（3）制定前厅部预算，并对其执行过程予以控制	周期性
2. 组织开展预订工作	组织预订处为客人做好预订工作，并亲自处理预订疑难问题	日常性
3. 组织开展各项对客服务工作	（1）组织前厅部接待人员做好对住店客人的接待与礼宾工作，并亲自负责贵宾接待工作	日常性
	（2）组织做好对客人的话务服务及委托代办服务，力争满足客人提出的合理要求	日常性
	（3）组织商务中心做好对客人的各类商务服务	日常性
	（4）定期批阅大堂副理及前厅部各处提交的投诉处理记录，亲自处理 VIP 客人的投诉和疑难问题	周期性
4. 前厅部管理与协调	（1）审阅各种报告，及时掌握客房预订、出租率、平均房价、房态控制等情况，并将其提供给酒店领导和销售等有关部门，作为决策依据	周期性
	（2）主持部门的工作例会，传达酒店例会精神，听取下属人员的日常工作汇报，并解决工作中发现的新问题	周期性
	（3）协调前厅部与其他部门的业务关系，保证前厅部各项工作顺利进行	日常性
	（4）负责与各合作企业、旅行社等客源单位建立良好的业务关系，并了解委托单位的接待要求	日常性
5. 员工管理与督导	（1）负责前厅部各处主管的工作安排、考勤、培训和考核等人事工作，提高员工素质，指导主管训练下属员工	日常性
	（2）督促、检查所辖范围内各岗位的工作完成情况，抽查服务质量，有效纠正偏差	日常性

三、前厅部副经理岗位职责

岗位名称	前厅部副经理	所属部门	前厅部	编　号	
直属上级	前厅部经理	直属下级		晋升方向	

所处管理位置	
职责概述	协助前厅部经理管理前厅部的工作，负责前厅部物资管理，与相关部门保持良好的协作和沟通，保证前厅部高质量的服务

职责	职责细分	职责类别
1. 参与决策、制订计划	(1) 当前厅部经理不在岗时，全权代理其工作职务与责任	特别工作
	(2) 制订本部门礼宾处、商务中心等所需的物资采购计划，及时提交给采购部，以便其及时采购	周期性
	(3) 参加主管例会，为前厅部的发展制订具体计划	周期性
	(4) 掌握客源信息，进行市场调查，针对市场调查拟定报告，提出合理化建议	日常性
2. 对客服务	(1) 直接参与住店客人的日常接待工作	日常性
	(2) 审定重要旅行团接待计划，做好重要团队的接待工作	日常性
	(3) 代表酒店探视、慰问生病的住店客人	日常性
3. 员工管理	(1) 督导前厅各部门主管工作，深入了解员工的服务态度及工作质量，及时同前厅部经理商议、解决各种问题	日常性
	(2) 协助培训属下员工，对员工进行考核、监督	日常性

四、前厅大堂副理岗位职责

岗位名称	大堂副理	所属部门	前厅部	编　号	
直属上级	前厅部经理	直属下级		晋升方向	

所处管理位置	<div style="text-align:center">前厅部经理 大堂副理　　前厅部副经理 各分部门主管</div>

职责概述	负责管理前厅大堂的服务接待工作，协调客人与酒店之间的关系	
职责	**职责细分**	**职责类别**
1. 大堂工作及对客服务	（1）定期向前厅部经理汇报工作、接受指示，贯彻落实大堂工作计划，对计划执行过程中的偏差及时予以纠正	日常性
	（2）代表酒店做好客人接待和送行工作	日常性
	（3）迎接及带领 VIP 客人到其房间，并介绍房间设施	日常性
	（4）受理客人投诉，与相关部门沟通合作，积极予以解决，并做详细记录；对于重大投诉要立即报告前厅部经理和服务质量检查部门	日常性
	（5）回答客人的问询，提供必要的帮助	日常性
2. 特殊事件处理	（1）遇紧急事件时，采取及时、果断的措施，全力保证客人安全	特别工作
	（2）为生病或发生意外事故的客人安排送护或送院事宜	特别工作
	（3）处理因满房产生的外转客人需求	日常性
	（4）负责贵重物品的寻找和招领工作	日常性
3. 检查监督	（1）监督、检查和协助前厅的各项接待工作	日常性
	（2）核对每日房间状况及其他统计信息	日常性
	（3）监督并协助接待处领班办理客用保险箱的开启服务	日常性
4. 员工管理	（1）监督检查前厅各岗位的服务工作，发现问题及时指正	日常性
	（2）督导直接下属的工作，对其业务定期进行培训、考核，并对其日常工作情况进行绩效评定	日常性

第三节　前厅部岗位绩效考核量表

一、客务总监绩效考核量表

序号	考核内容	考核指标及目标值	考核实施	
			考核人	考核结果
1	制订营业计划，组织完成酒店客房的销售工作	年客房营业收入不低于____万元，年客房平均出租率不低于____%		
	参与客房的定价与销售策略等营销决策	本年度客房平均房价比上一年度提高（降低）____%		
2	督导所辖部门的服务，确保服务事项的按时、按质完成	客人满意度评分平均达____分		
3	处理客人问题，解决投诉	客人投诉处理完成率达____%		
4	控制前厅部、客房部的运营成本	运营成本节约率达____%		
5	督导所辖部门培训工作	培训工作计划按时完成率达____%		
6	协助完成前厅部经理、客房部经理的考核工作	下属员工考核工作按时完成率达____%，员工考核达标率为____%		

二、前厅部经理绩效考核量表

序号	考核内容	考核指标及目标值	考核实施	
			考核人	考核结果
1	制订本部门的工作计划、经营计划，并保证有效执行	各项计划有效执行率达____%		
2	参与房价确定和订房率预测等工作	本年度客房平均房价比上一年度提高（降低）____% 订房率预测准确率达____%		
3	制定前厅部预算	预算与实际偏差不超过____%		

序号	考核内容	考核指标及目标值	考核实施	
			考核人	考核结果
4	与客人进行沟通，保持良好的客情关系，并与商业客户、旅行社保持联系	年销售收入增长率达＿＿＿%		
5	接待贵宾	客人满意度评分平均达＿＿＿分		
6	处理客人投诉	投诉处理及时率达＿＿＿%		
7	安排员工的工作班次和工作量，随时检查	各岗位工作抽查合格率达＿＿＿%		
8	对下属员工进行培训及绩效考核	员工考核达标率为＿＿＿%		

三、前厅部副经理绩效考核量表

序号	考核内容	考核指标及目标值	考核实施	
			考核人	考核结果
1	制订本部门物资采购计划	物资采购计划与实际需要物资数量偏差不得超过＿＿＿%		
2	及时同前厅部经理商议，解决各种问题	解决问题成功率达＿＿＿%		
3	对客源信息进行市场调查并按时提交市场调查报告	市场调查报告及时提交率为100%，合理化建议可采纳条数达＿＿＿条		
4	参与每天的日常接待工作，做好对重要团队的接待工作	客人满意度评分平均达＿＿＿分		
5	协助培训下属员工，对员工进行考核、监督	员工考核达标率为＿＿＿%		

四、前厅大堂副理绩效考核量表

序号	考核内容	考核指标及目标值	考核实施	
			考 核 人	考核结果
1	做好贵宾接待工作	客人满意度评分平均达＿＿＿分，出错率为0		
2	处理客人投诉	投诉及时解决率达＿＿＿%		
3	回答客人问题	误答或不清楚的问题为0		
4	及时处理发生的各类紧急情况	紧急事件及时处理率达＿＿＿%		
5	检查前厅工作	工作无差错，客人信息、财务统计信息差错率为0		
6	督导下属员工	员工工作差错率控制在＿＿＿%以内		

第四节　前厅部服务标准与服务规范

一、前厅部服务标准

酒店前厅部服务标准与服务规范文件		文件编号		版本	
标题	前厅部服务标准	发放日期			

1. 目的

为提高前厅部人员的服务质量，提升酒店形象，特制定本规范，望相关人员遵照执行。

2. 仪容仪表

（1）所有员工需穿着整洁，工服需经常洗熨。

（2）皮鞋需保持整洁光亮。

（3）工作牌需别在外衣或大衣左胸前。

（4）女员工需化淡妆、将长发梳起，保持整洁。

（5）前台接待员工的站姿应保持直立，不能倚靠墙壁或台子，更不能背对前台。

（6）行李员站姿应保持直立，双手放在身后或身体两边，站在规定的位置。

（续）

3. 环境卫生

（1）所有的台面都要保持整洁。

（2）用过和无用的纸张要扔掉。

（3）任何文件不得放在台面或贴在墙上。

（4）办公室和储藏室要保持整洁。

4. 工作行为

（1）工作时间禁止看报纸或杂志。

（2）工作时间禁止睡觉。

（3）工作时间禁止吸烟。

（4）工作时间禁止聊天。

5. 礼节礼貌

（1）员工在任何时候都必须以友好、礼貌、关心的态度接待客人。

（2）不允许与客人争吵，即使是客人的错，也要记住：顾客至上。

（3）如果是我们的错，要向客人道歉，说："对不起，先生/小姐。"

（4）要主动向客人问好，保持微笑与目光接触。

（5）使用标准问候语：早上好、下午好、晚上好、晚安等。

（6）不要对客人说"不"，如果你听不懂或不知道答案，请求别人帮助。

（7）在与客人交谈时尽量使用尊称。

（8）要经常使用"请"和"谢谢"。

6. 电话礼仪

（1）电话铃响三声内必须接起，先问好，再报所在部门和姓名。

（2）使用标准用语。

①早上好/下午好/晚上好/晚安。

②预订部/前台接待/行李房。

③××为您服务。

（3）总机话务员标准用语。

①外线电话：早上好/下午好/晚上好/晚安；××酒店，我能为您做些什么。

②内线电话：这里是总机，××为您服务。

7. 其他标准

（1）前厅部员工应熟知酒店服务设施。

（2）前厅部员工应熟知餐厅营业时间、特殊事件和旅游常识。

（续）

签阅栏		签收人请注意：在此签字时，表示您同意下述两点内容： 1. 本人保证严格按此文件要求执行； 2. 本人有责任在发现问题时，第一时间向本文件审批人提出修改意见。	
相关说明			
编制人员	审核人员		审批人员
编制日期	审核日期		审批日期

二、前厅部培训规范

酒店前厅部服务标准与服务规范文件		文件编号	版本
标题	前厅部培训规范	发放日期	

1. 目的

为了规范前厅部员工的培训管理，提高前厅部员工的整体素质和工作技能，特制定本规范。

2. 适用范围

本规范适用于酒店前厅部新员工和在岗员工。

3. 新员工培训程序和内容

（1）新员工报到后，应了解前厅部的大致情况和要求。

（2）前厅部经理对新员工进行口头培训，讲述酒店的文化和本部门的具体要求。

（3）前厅部各主管负责对本处新员工进行具体培训，要把本岗位的岗位职责、工作程序和酒店各项规章制度完整地介绍给新员工。

（4）新员工在完全了解本职工作的要求后方可上岗培训。

（5）新员工到岗满两个月时，各处主管应对其进行考核，以保证员工素质和工作质量。对于未达标准者，应进行再培训。

4. 在岗员工培训程序和内容

（1）前厅部各主管在日常工作中及时发现本处存在的问题，针对这些问题制订相应的培训计划，并于每月25日之前以月计划形式上报前厅部经理。

（2）前厅部经理要经常对各部门的培训工作提出建议，并随时抽查各部门培训计划的执行情况，确保培训效果。

（3）每月月底部门各主管要对其员工进行考核，奖优罚劣，并把考核结果报前厅部经理。

（4）将员工培训考核结果作为年终绩效考核的重要指标之一。

（续）

签 阅 栏		签收人请注意：在此签字时，表示您同意下述两点内容： 1. 本人保证严格按此文件要求执行； 2. 本人有责任在发现问题时，第一时间向本文件审批人提出修改意见。
相关说明		
编制人员	审核人员	审批人员
编制日期	审核日期	审批日期

三、前厅部仪容礼貌规范

酒店前厅部服务标准与服务规范文件		文件编号		版本	
标题	前厅部仪容礼貌规范	发放日期			

1. 目的

为了规范前厅部员工的仪容和礼貌，提升其整体素养，特制定本规范。

2. 适用范围

本规范适用于酒店前厅部所有员工，包括新入职的员工和在岗员工。

3. 仪容仪表的规范

所有员工的制服应整洁、合身，不得穿脏的或有皱褶的衣服，具体要求详见下表。

前厅部员工仪容仪表的要求

规范项目	男员工要求	女员工要求
头发	头发干净整齐，不宜过长	头发梳洗整齐，长发要盘好，不得戴过于夸张的发饰，头发不得掩盖眼部或脸部
脸部	不得蓄须，面部清爽宜人，口气清新	不得化浓妆，宜稍做修饰，淡状即可
手部	不得留长指甲，指甲要清洁	不得留太长的指甲，指甲油只可选用淡色，不可选用过于鲜艳的颜色
脚部	每天应穿着清洁的鞋袜，上班前要擦亮鞋子	每天应穿着清洁的鞋袜，要穿酒店规定的袜色，上班前要擦亮鞋子
气味	保持体味清新，不得有异味	不得使用气味强烈的香料或香水，只宜使用气味清淡的香料或香水

（续）

4. 礼貌待人的规范

（1）工作时，应常带自然的笑容，表现出和蔼可亲的态度，以令客人觉得容易接近。

（2）不得故做小动作，应表现得成熟、稳重，打哈欠时要轻掩口部，不得做出挠痒、挖鼻、掏耳、剔牙等不雅动作。

（3）工作时不得咀嚼香口胶、吸烟及吃东西。

（4）不得表现出不耐烦，应耐心为客人服务。

（5）在处理柜台文件时，应不时留意周围环境，以免客人在柜台前久等。

（6）有客人来到柜台前时，应马上放下正在处理的文件，礼貌问候。

（7）留心倾听客人的问题，然后再作出清楚的解答，不得随意中断客人的叙述，以免答非所问。遇到问题不知如何作答时，应说："请稍等，待我查一查以便回答您的问题。"

（8）遇到客人因对某事情外行或不了解当地风情而出错时，不得取笑客人。

（9）不得表现出懒散情绪，站姿要端正，不得摇摆身体，不得倚傍墙、柜而立或蹲在地上，不可歪身及扮鬼脸做怪动作。

（10）除了工作上应交代的事情，不得互相攀谈私事，不得争论，不得粗言秽语。

（11）不得擅自使用柜台电话作私人之用，如遇急事可请求上司用后台的电话。

（12）用词恰当，不可顶撞客人。说话时，声音要温和，不可过大或过小，要清楚表达所要说的话。

（13）不得在工作时阅读报章、书籍，浏览无关网页。

（14）走路时不可奔跑，脚步应轻快无声，不要做怪动作。

（15）尽量牢记客人的姓氏，见面时称呼客人"××先生/小姐/女士"。

（16）若客人的问询在自己的职权或能力范围之外，应主动帮助客人进行相关联系，而不得随便以"不知道"回答，甚至置之不理。

签阅栏		签收人请注意：在此签字时，表示您同意下述两点内容： 1. 本人保证严格按此文件要求执行； 2. 本人有责任在发现问题时，第一时间向本文件审批人提出修改意见。	
相关说明			
编制人员		审核人员	审批人员
编制日期		审核日期	审批日期

四、前厅部员工行为规范

酒店前厅部服务标准与服务规范文件		文件编号		版本	
标题	前厅部员工行为规范		发放日期		

1. 为了规范前厅部员工的行为规范，明确员工应做和禁止做的事情，特制定本规范。
2. 本规范适用于酒店前厅部所有员工，包括新入职的员工和在岗员工。
3. 熟悉客房情况（位置、特点等）及客房设施。
4. 待客应尽可能友善，但也不可过于热情。
5. 处事冷静更要富有情味。
6. 努力为酒店争取新的客人，同时留住现有客人。
7. 记住常客的名字并了解他们的爱好。
8. 了解不同国家、民族的人文风俗，尽量顺应客人的习惯。
9. 将同事视为朋友，互相尊重，以礼相待。
10. 积极向客人推销酒店的服务设施，从而让客人满意我们的服务，同时增进酒店的收益。
11. 把酒店当作自己的家并引以为豪。
12. 保持与客房部、餐饮部等相关部门的良好合作与沟通。
13. 与旅行社等其他同业单位保持良好关系。
14. 善于预见客人的需要，见客人需要帮忙时应主动上前询问。
15. 不应对客人傲慢无礼。
16. 不应对工作草率行事，应积极维护酒店的声誉。
17. 不应在客人面前与同事用自己的方言交谈。
18. 不应在客人面前表露出身体不适的样子。
19. 不应在客人面前流露出疲惫的神情。
20. 不应在征得住客同意前，将探访客人领去房间。
21. 不得随意使用削价销售的方式获得高租房率，以免因此失去高档次的客人。
22. 不应与同事聊天而让客人等候。
23. 不应简单地因客人说出房间号码而将钥匙交给对方。
24. 不应将酒店服务设施硬性推销给客人。
25. 不应在与客人打招呼或交谈时表现得扭捏拘谨或保持缄默。

签阅栏		签收人请注意：在此签字时，表示您同意下述两点内容： 1. 本人保证严格按此文件要求执行； 2. 本人有责任在发现问题时，第一时间向本文件审批人提出修改意见。	
相关说明			
编制人员		审核人员	审批人员
编制日期		审核日期	审批日期

第五节　前厅部工作程序与关键问题

一、办理贵宾入住程序与关键问题

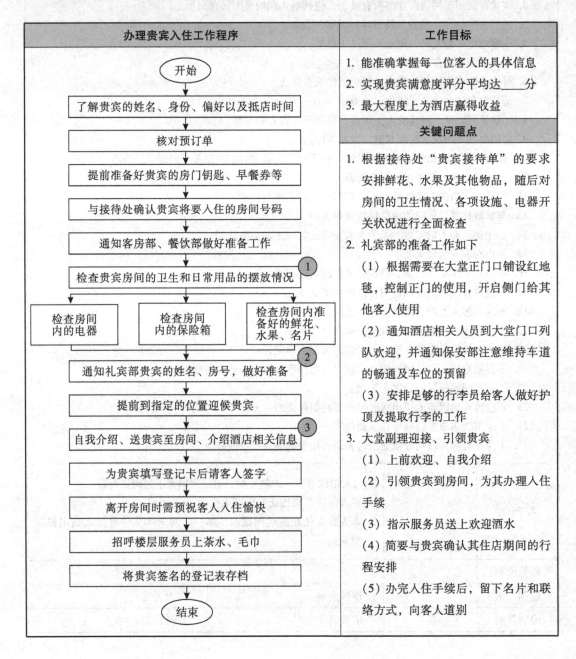

办理贵宾入住工作程序	工作目标
开始 了解贵宾的姓名、身份、偏好以及抵店时间 核对预订单 提前准备好贵宾的房门钥匙、早餐券等 与接待处确认贵宾将要入住的房间号码 通知客房部、餐饮部做好准备工作 检查贵宾房间的卫生和日常用品的摆放情况　① 检查房间内的电器　／　检查房间内的保险箱　／　检查房间内准备好的鲜花、水果、名片 通知礼宾部贵宾的姓名、房号，做好准备　② 提前到指定的位置迎候贵宾 自我介绍、送贵宾至房间、介绍酒店相关信息　③ 为贵宾填写登记卡后请客人签字 离开房间时需预祝客人入住愉快 招呼楼层服务员上茶水、毛巾 将贵宾签名的登记表存档 结束	**1. 能准确掌握每一位客人的具体信息** **2. 实现贵宾满意度评分平均达＿＿＿分** **3. 最大程度上为酒店赢得收益**

关键问题点
1. 根据接待处"贵宾接待单"的要求安排鲜花、水果及其他物品，随后对房间的卫生情况、各项设施、电器开关状况进行全面检查 2. 礼宾部的准备工作如下 （1）根据需要在大堂正门口铺设红地毯，控制正门的使用，开启侧门给其他客人使用 （2）通知酒店相关人员到大堂门口列队欢迎，并通知保安部注意维持车道的畅通及车位的预留 （3）安排足够的行李员给客人做好护顶及提取行李的工作 3. 大堂副理迎接、引领贵宾 （1）上前欢迎、自我介绍 （2）引领贵宾到房间，为其办理入住手续 （3）指示服务员送上欢迎酒水 （4）简要与贵宾确认其住店期间的行程安排 （5）办完入住手续后，留下名片和联络方式，向客人道别

二、办理贵宾离店程序与关键问题

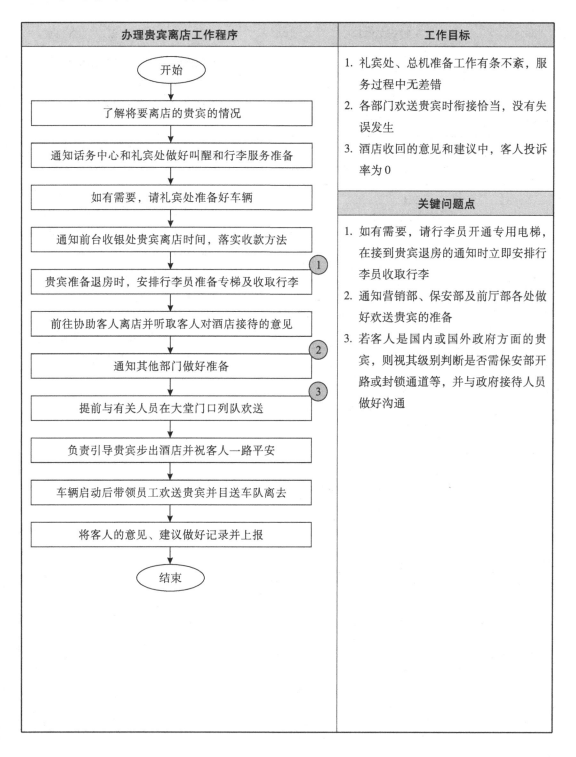

办理贵宾离店工作程序	工作目标

工作目标
1. 礼宾处、总机准备工作有条不紊，服务过程中无差错
2. 各部门欢送贵宾时衔接恰当，没有失误发生
3. 酒店收回的意见和建议中，客人投诉率为0

关键问题点
1. 如有需要，请行李员开通专用电梯，在接到贵宾退房的通知时立即安排行李员收取行李
2. 通知营销部、保安部及前厅部各处做好欢送贵宾的准备
3. 若客人是国内或国外政府方面的贵宾，则视其级别判断是否需保安部开路或封锁通道等，并与政府接待人员做好沟通

流程：
开始 → 了解将要离店的贵宾的情况 → 通知话务中心和礼宾处做好叫醒和行李服务准备 → 如有需要，请礼宾处准备好车辆 → 通知前台收银处贵宾离店时间，落实收款方法 → 贵宾准备退房时，安排行李员准备专梯及收取行李① → 前往协助客人离店并听取客人对酒店接待的意见 → 通知其他部门做好准备② → 提前与有关人员在大堂门口列队欢送③ → 负责引导贵宾步出酒店并祝客人一路平安 → 车辆启动后带领员工欢送贵宾并目送车队离去 → 将客人的意见、建议做好记录并上报 → 结束

三、处理客人投诉程序与关键问题

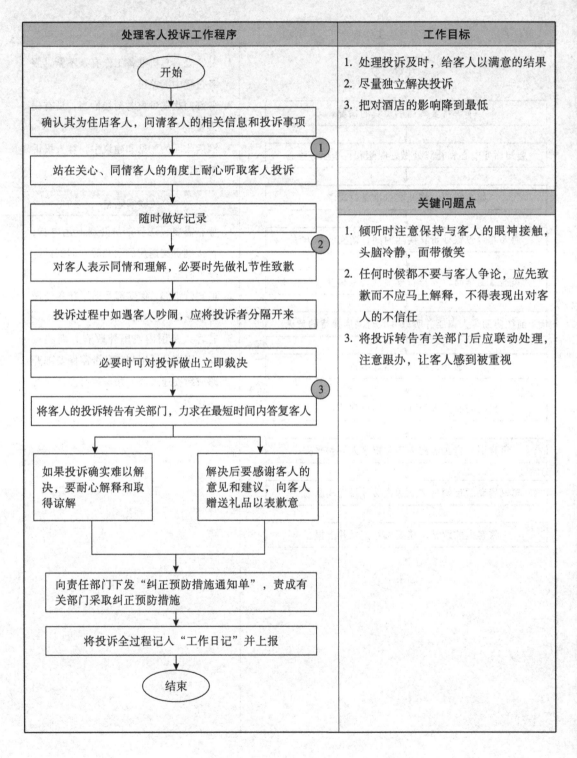

处理客人投诉工作程序	工作目标

工作目标

1. 处理投诉及时，给客人以满意的结果
2. 尽量独立解决投诉
3. 把对酒店的影响降到最低

关键问题点

1. 倾听时注意保持与客人的眼神接触，头脑冷静，面带微笑
2. 任何时候都不要与客人争论，应先致歉而不应马上解释，不得表现出对客人的不信任
3. 将投诉转告有关部门后应联动处理，注意跟办，让客人感到被重视

（流程图内容）

开始

确认其为住店客人，问清客人的相关信息和投诉事项 ①

站在关心、同情客人的角度上耐心听取客人投诉

随时做好记录 ②

对客人表示同情和理解，必要时先做礼节性致歉

投诉过程中如遇客人吵闹，应将投诉者分隔开来

必要时可对投诉做出立即裁决 ③

将客人的投诉转告有关部门，力求在最短时间内答复客人

如果投诉确实难以解决，要耐心解释和取得谅解

解决后要感谢客人的意见和建议，向客人赠送礼品以表歉意

向责任部门下发"纠正预防措施通知单"，责成有关部门采取纠正预防措施

将投诉全过程记入"工作日记"并上报

结束

四、发生火警处理程序与关键问题

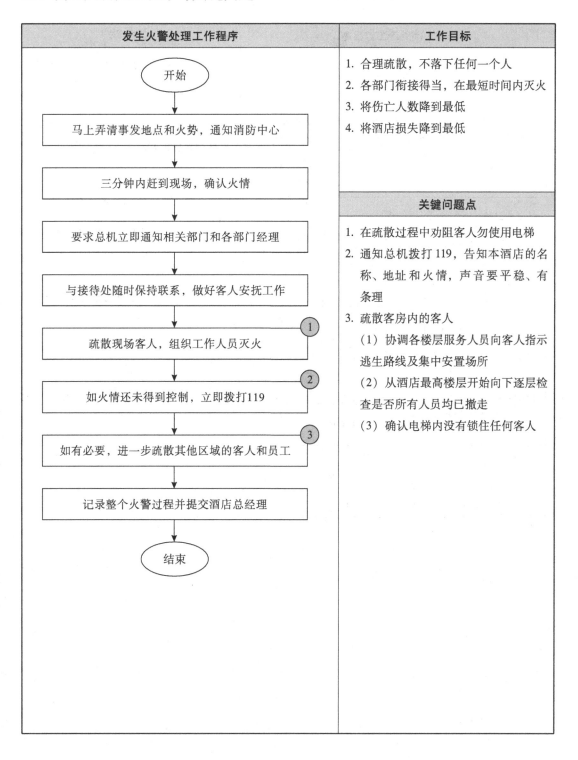

发生火警处理工作程序	工作目标

工作目标

1. 合理疏散，不落下任何一个人
2. 各部门衔接得当，在最短时间内灭火
3. 将伤亡人数降到最低
4. 将酒店损失降到最低

关键问题点

1. 在疏散过程中劝阻客人勿使用电梯
2. 通知总机拨打119，告知本酒店的名称、地址和火情，声音要平稳、有条理
3. 疏散客房内的客人
   (1) 协调各楼层服务人员向客人指示逃生路线及集中安置场所
   (2) 从酒店最高楼层开始向下逐层检查是否所有人员均已撤走
   (3) 确认电梯内没有锁住任何客人

发生火警处理工作程序

开始

马上弄清事发地点和火势，通知消防中心

三分钟内赶到现场，确认火情

要求总机立即通知相关部门和各部门经理

与接待处随时保持联系，做好客人安抚工作

疏散现场客人，组织工作人员灭火 ①

如火情还未得到控制，立即拨打119 ②

如有必要，进一步疏散其他区域的客人和员工 ③

记录整个火警过程并提交酒店总经理

结束

五、住客生病处理程序与关键问题

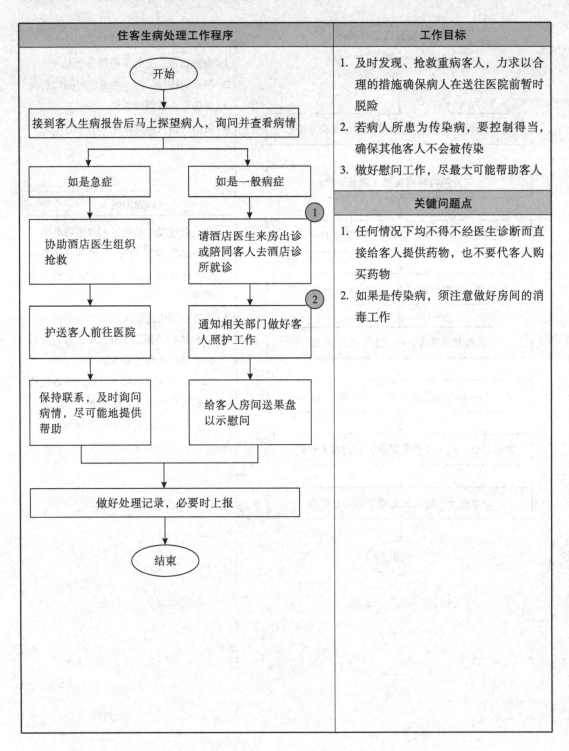

住客生病处理工作程序	工作目标

工作目标

1. 及时发现、抢救重病客人，力求以合理的措施确保病人在送往医院前暂时脱险
2. 若病人所患为传染病，要控制得当，确保其他客人不会被传染
3. 做好慰问工作，尽最大可能帮助客人

关键问题点

1. 任何情况下均不得不经医生诊断而直接给客人提供药物，也不要代客人购买药物
2. 如果是传染病，须注意做好房间的消毒工作

流程图：

开始 → 接到客人生病报告后马上探望病人，询问并查看病情

如是急症：
- 协助酒店医生组织抢救
- 护送客人前往医院
- 保持联系，及时询问病情，尽可能地提供帮助

如是一般病症：
① 请酒店医生来房出诊或陪同客人去酒店诊所就诊
② 通知相关部门做好客人照护工作
- 给客人房间送果盘以示慰问

→ 做好处理记录，必要时上报 → 结束

六、住客受伤处理程序与关键问题

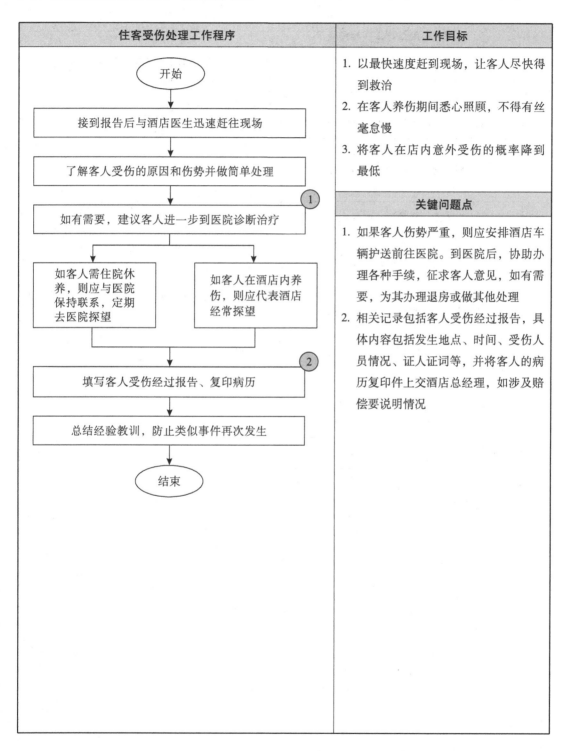

住客受伤处理工作程序	工作目标

工作目标

1. 以最快速度赶到现场，让客人尽快得到救治
2. 在客人养伤期间悉心照顾，不得有丝毫怠慢
3. 将客人在店内意外受伤的概率降到最低

关键问题点

1. 如果客人伤势严重，则应安排酒店车辆护送前往医院。到医院后，协助办理各种手续，征求客人意见，如有需要，为其办理退房或做其他处理
2. 相关记录包括客人受伤经过报告，具体内容包括发生地点、时间、受伤人员情况、证人证词等，并将客人的病历复印件上交酒店总经理，如涉及赔偿要说明情况

流程图内容：

开始

↓

接到报告后与酒店医生迅速赶往现场

↓

了解客人受伤的原因和伤势并做简单处理

↓ ①

如有需要，建议客人进一步到医院诊断治疗

↓

如客人需住院休养，则应与医院保持联系，定期去医院探望 / 如客人在酒店内养伤，则应代表酒店经常探望

↓ ②

填写客人受伤经过报告、复印病历

↓

总结经验教训，防止类似事件再次发生

↓

结束

七、突然停电处理程序与关键问题

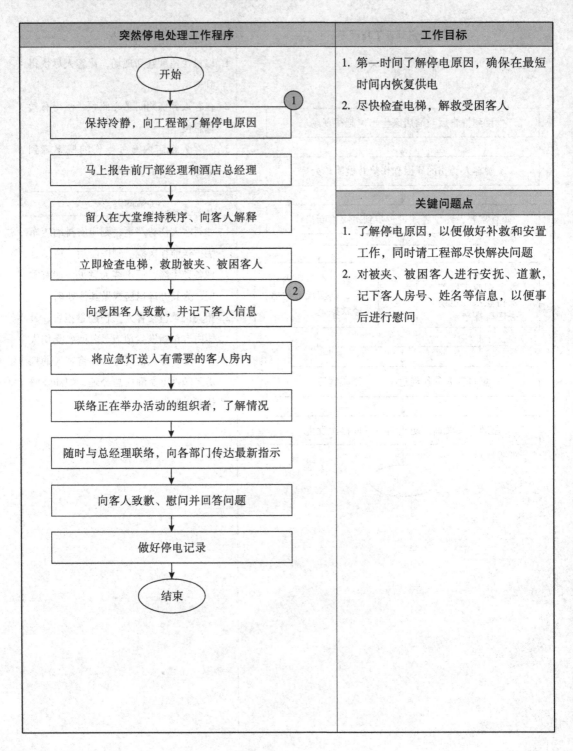

突然停电处理工作程序	工作目标

工作目标

1. 第一时间了解停电原因,确保在最短时间内恢复供电
2. 尽快检查电梯,解救受困客人

关键问题点

1. 了解停电原因,以便做好补救和安置工作,同时请工程部尽快解决问题
2. 对被夹、被困客人进行安抚、道歉,记下客人房号、姓名等信息,以便事后进行慰问

突然停电处理工作程序流程:

开始

① 保持冷静,向工程部了解停电原因

马上报告前厅部经理和酒店总经理

留人在大堂维持秩序、向客人解释

立即检查电梯,救助被夹、被困客人

② 向受困客人致歉,并记下客人信息

将应急灯送入有需要的客人房内

联络正在举办活动的组织者,了解情况

随时与总经理联络,向各部门传达最新指示

向客人致歉、慰问并回答问题

做好停电记录

结束

八、解决客人特殊需求程序与关键问题

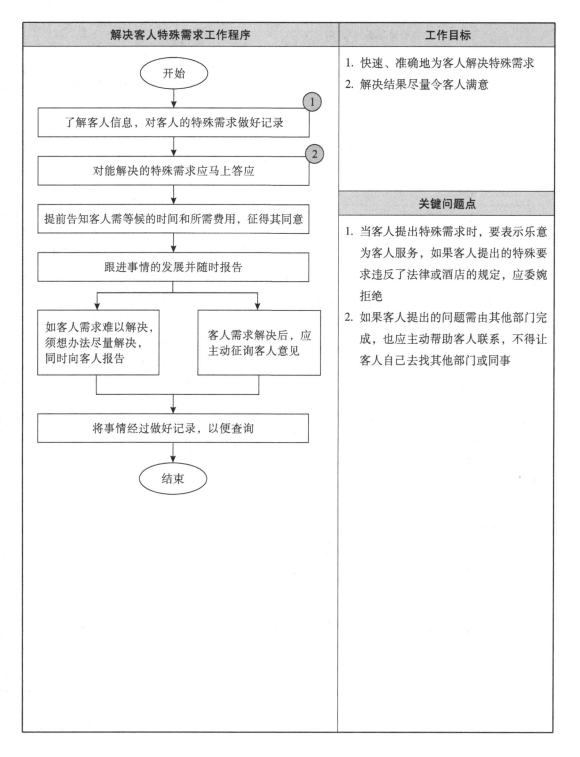

解决客人特殊需求工作程序	工作目标
	1. 快速、准确地为客人解决特殊需求
	2. 解决结果尽量令客人满意

解决客人特殊需求工作程序

开始

① 了解客人信息，对客人的特殊需求做好记录

② 对能解决的特殊需求应马上答应

提前告知客人需等候的时间和所需费用，征得其同意

跟进事情的发展并随时报告

如客人需求难以解决，须想办法尽量解决，同时向客人报告

客人需求解决后，应主动征询客人意见

将事情经过做好记录，以便查询

结束

关键问题点

1. 当客人提出特殊需求时，要表示乐意为客人服务，如果客人提出的特殊要求违反了法律或酒店的规定，应委婉拒绝

2. 如果客人提出的问题需由其他部门完成，也应主动帮助客人联系，不得让客人自己去找其他部门或同事

九、客人丢失物品处理程序与关键问题

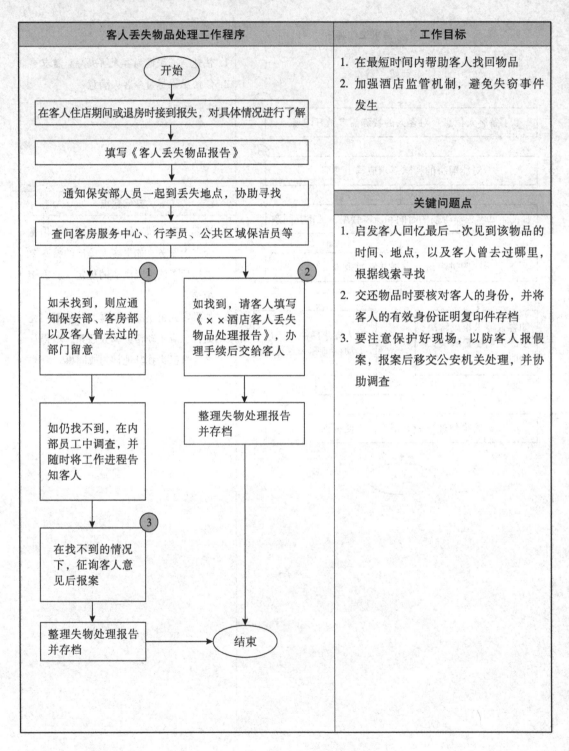

客人丢失物品处理工作程序	工作目标

工作目标

1. 在最短时间内帮助客人找回物品
2. 加强酒店监管机制，避免失窃事件发生

关键问题点

1. 启发客人回忆最后一次见到该物品的时间、地点，以及客人曾去过哪里，根据线索寻找
2. 交还物品时要核对客人的身份，并将客人的有效身份证明复印件存档
3. 要注意保护好现场，以防客人报假案，报案后移交公安机关处理，并协助调查

流程图内容：

开始
↓
在客人住店期间或退房时接到报失，对具体情况进行了解
↓
填写《客人丢失物品报告》
↓
通知保安部人员一起到丢失地点，协助寻找
↓
查问客房服务中心、行李员、公共区域保洁员等
↓
① 如未找到，则应通知保安部、客房部以及客人曾去过的部门留意
② 如找到，请客人填写《××酒店客人丢失物品处理报告》，办理手续后交给客人
↓
① 如仍找不到，在内部员工中调查，并随时将工作进程告知客人
② 整理失物处理报告并存档
↓
③ 在找不到的情况下，征询客人意见后报案
↓
整理失物处理报告并存档 → 结束

十、客人遗留物品处理程序与关键问题

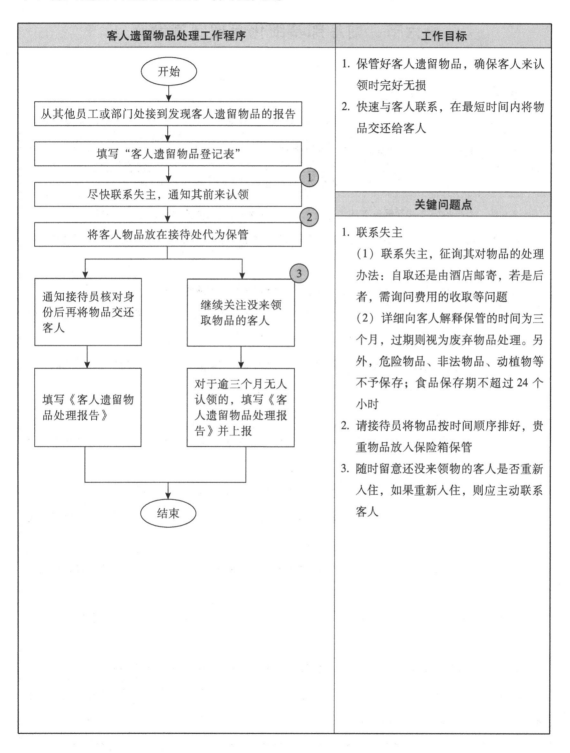

客人遗留物品处理工作程序	工作目标

工作目标

1. 保管好客人遗留物品，确保客人来认领时完好无损
2. 快速与客人联系，在最短时间内将物品交还给客人

关键问题点

1. 联系失主

（1）联系失主，征询其对物品的处理办法：自取还是由酒店邮寄，若是后者，需询问费用的收取等问题

（2）详细向客人解释保管的时间为三个月，过期则视为废弃物品处理。另外，危险物品、非法物品、动植物等不予保存；食品保存期不超过 24 个小时

2. 请接待员将物品按时间顺序排好，贵重物品放入保险箱保管

3. 随时留意还没来领物的客人是否重新入住，如果重新入住，则应主动联系客人

第六节　前厅部精细化管理制度设计

一、前厅部员工工作制度

制度名称	前厅部员工工作制度		受控状态	
			编　　号	
执行部门		监督部门	考证部门	

第1条　为严格规范前厅部员工的工作行为，塑造良好的员工精神面貌，特制定本制度。

第2条　所有员工每日提前10分钟到达工作岗位，换好工作服，整理检查着装和仪表，精神饱满地上岗。

第3条　当班时应保持良好的形象，确保仪容整洁，热情礼貌地为客服务。

第4条　各岗员工坚持站立、微笑服务、礼貌待客。不扎堆聊天、串岗、脱岗，不吃零食、不吸烟，不得在大堂内穿行、大声喧哗，确保良好的服务气氛。

第5条　不得随便进入管理人员的办公室，当班时不得让朋友或其他无关人员进入工作台闲谈。

第6条　不得做不道德的交易，不得向客人索取小费和其他报酬。

第7条　不得私自使用酒店电话办理私人事务。

第8条　各岗员工必须严格按照服务程序、操作规程为客人提供服务，保证服务质量和工作效率，遇有疑难问题，应第一时间报告领班以便及时处理。

第9条　遵守酒店客房折扣政策，房价填写须认真准确，不得私自减免房费。

第10条　每接待一位客人、完成一项接待任务，均应按规定做好记录，重要接待任务和数据要输入电脑。

第11条　话务中心不得漏叫或延迟办理"叫醒服务"，漏叫电话单或走单者除扣奖金外，还应赔偿酒店的损失。

第12条　工作台面、办公场所及其周围环境必须始终保持整洁、舒适、典雅，给客人以形象吸引力。

第13条　遇有大型活动、贵宾到店，须事先做好接待安排，分工负责、条理清晰。

第14条　前厅部各岗位的营业日报表、周营业报表、月营业报表必须统计准确、填报规范，确保无差错，并按前厅部和财务部规定存档和上报。

（续）

签 阅 栏		我已收到《前厅部员工工作制度》（编号：____），并认真阅读完毕。我同意遵守制度中的相关规定，也同意酒店有权修改本制度的相关内容。所修改的制度经批准通过、开始实行后，我也将严格遵照执行。		
相关说明				
编制日期		审核日期		批准日期
修改标记		修改处数		修改日期

二、前厅部例会管理制度

制度名称		前厅部例会管理制度		受控状态	
				编　号	
执行部门		监督部门		考证部门	

第1条　周一至周五上午9：00召开前厅部每日例会。

第2条　前厅部经理为会议的主持人，参加人员为各班组主管，会议记录人为前厅部副经理。

第3条　会议内容主要包括以下三点。

1. 前厅部经理传达当日酒店晨会内容及工作要求，收集案例，并进行分析。

2. 前厅部管理人员布置部门当日重点工作，向员工讲述一些有利于员工进步的事例。

3. 前厅部各主管汇报重要工作事项，前厅部经理要对各主管及其班级情况给予点评。

第4条　会议要求。

1. 所有相关人员应积极参加，并贯彻执行会议决议。

2. 所有参会人员认真做好会议记录，尤其是与自身工作相关的会议内容。

3. 所有员工不得讲消极的话。

4. 所有员工必须遵守例会纪律及行为规范。

5. 会议必须在事前发出议程。

6. 除因特殊情况或外出公干，所有应参会人员必须按时出席。

7. 所有与会人员在出席前，必须对议程做好准备。

8. 及时记录会议讨论内容。

9. 每次会议记录须在会议后三天内送交前厅部经理。

第5条　前厅部经理、副经理、大堂副理及各位主管将按例会中提到的要求做落实检查。

（续）

签 阅 栏		我已收到《前厅部例会管理制度》（编号：＿＿＿），并认真阅读完毕。我同意遵守制度中的相关规定，也同意酒店有权修改本制度的相关内容。所修改的制度经批准通过、开始实行后，我也将严格遵照执行。		
相关说明				
编制日期		审核日期		批准日期
修改标记		修改处数		修改日期

三、前厅部办公设备管理办法

制度名称	前厅部办公设备管理办法		受控状态	
			编　　号	
执行部门		监督部门	考证部门	

第1章　总则

第1条　为加强前厅部办公设备的规范化管理工作，保证各项设备不被公物私用，并处于完好状态，特制定本办法。

第2条　本办法主要适用于前厅部复印机、电脑等设备的管理。

第2章　前厅部复印机管理

第3条　前厅部复印机只限于前厅部内部使用，不得向外部部门（包括外租户）提供。

第4条　加强复印纸和电脑打印纸的控制，部门内部尽量采用文件传阅的方式，以减少复印次数。对于必须复印的文件及资料须进行复印登记。

第5条　复印数量超过10张的，必须经部门经理签批后方可复印。

第6条　监督复印人员使用专业复印纸复印，以免对复印机造成损坏。

第7条　内部使用的复印件尽量采用废文件纸复印，一般文件资料尽量采用双面或缩小复印。

第8条　酒店其他部门员工使用复印机时，必须在"复印机使用登记表"上登记签字，以便于前厅部进行成本控制。

第3章　前厅部电脑管理

第9条　前厅部办公室内所有电脑均为前厅部专用，其他部门未经批准不得擅自使用。

第10条　办公电脑应设置开机密码，由专人负责使用。

第11条　严禁使用办公电脑处理私人事务。

第12条　未经许可，任何人不得随便支配、使用电脑设备；不得更换电脑硬件和软件，严禁使用来历不明的软件和光盘，如因此而引起电脑系统崩溃或硬件受损，后果由使用者承担。

（续）

第 13 条 如因特殊原因需要安装软件，须向前厅部经理申请，经经理批准后方可安装。 第 14 条 计算机使用人应爱护电脑，严格按规定程序开启和关闭电脑。电脑发生故障时，使用者先做简易处理，仍不能排除故障时，应立即报告财务部，由其安排相关人员进行维修。 第 15 条 电脑维修和维护过程中，对重要工作资料及信息进行拷贝，不得遗失、外泄文件资料。 第 16 条 若对电脑进行软硬件更换，须征求电脑维修人员的意见，如涉及金额较大的维修，应报相关领导批准。 第 17 条 外请人员对电脑进行维修时，前厅部或财务部应指定专人自始至终地陪同。 第 18 条 对于因个人使用不当所造成的电脑维护费用和损失，酌情由使用者赔偿。		

签阅栏		我已收到《前厅部办公设备管理办法》（编号：＿＿＿），并认真阅读完毕。我同意遵守制度中的相关规定，也同意酒店有权修改本制度的相关内容。所修改的制度经批准通过、开始实行后，我也将严格遵照执行。
相关说明		
编制日期	审核日期	批准日期
修改标记	修改处数	修改日期

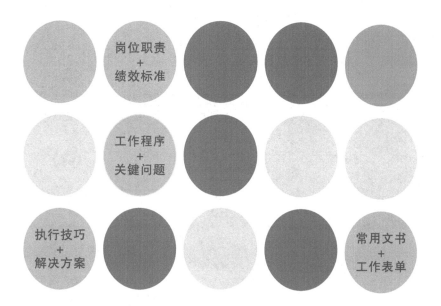

岗位职责
+
绩效标准

工作程序
+
关键问题

执行技巧
+
解决方案

常用文书
+
工作表单

第二章

预订服务精细化管理

第一节 预订服务岗位描述

一、预订服务岗位设置

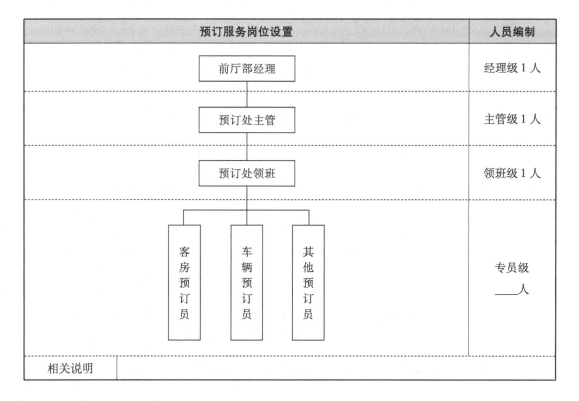

预订服务岗位设置	人员编制
前厅部经理	经理级1人
预订处主管	主管级1人
预订处领班	领班级1人
客房预订员　车辆预订员　其他预订员	专员级____人
相关说明	

二、预订处主管岗位职责

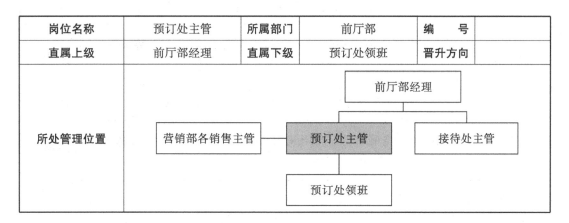

岗位名称	预订处主管	所属部门	前厅部	编　号	
直属上级	前厅部经理	直属下级	预订处领班	晋升方向	
所处管理位置					

所处管理位置：

前厅部经理

营销部各销售主管 — 预订处主管 — 接待处主管

预订处领班

（续）

职责概述	负责预订处的管理和日常行政工作，监督预订员的工作，确保预订信息处理准确、有效	
职责	职责细分	职责类别
1. 预订工作管理	（1）组织预订员接受客人的咨询或接听客人的来电，或处理客人的传真、邮件等，对客人咨询的内容予以记录，及时转交相关人员	日常性
	（2）与旅行社等团队订房单位落实团队成员抵店情况，确认是否需要预订车辆以及是否需要变更客房预订信息，以便通知车辆处、接待处、礼宾处、客房部做好客人接待准备工作	日常性
	（3）核查第二天贵宾、散客的预计到达名单及相关信息是否正确	日常性
	（4）检查与核对团队、散客对车辆预订和客房预订的变更及取消记录，并确认变更或取消的车辆号和房号	日常性
	（5）负责处理订房和车辆预订投诉，协调订房方面和车辆调用方面出现的问题	特别工作
	（6）负责制作和分送客房与车辆预订周报表及月报表，按时分送给酒店总经理、前厅部经理、前厅接待处相关人员	周期性
	（7）每周预测一次未来七日客房和车辆滚动出租率，并向前厅部经理报告	周期性
2. 预订处员工管理	（1）负责将酒店的相关信息传达给每位员工	周期性
	（2）负责预订处各班次人员的安排，监督检查员工的仪容仪表、行为规范及出勤情况	日常性
	（3）不定期抽查员工的工作，审定预订信息的处理是否准确	日常性
	（4）定期向前厅部经理提出对预订处领班的考勤、考核工作的奖励建议，并组织实施培训	周期性

三、预订处领班岗位职责

岗位名称	预订处领班	所属部门	前厅部	编　号	
直属上级	预订处主管	直属下级	预订员	晋升方向	

所处管理位置	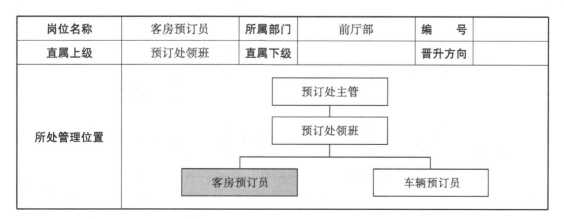

职责概述	协助预订处主管督导预订员做好客房预订工作，及时与销售人员沟通酒店房态及预订情况

职责	职责细分	职责类别
1. 预订工作	（1）及时掌握整个酒店的房态情况、客房状态和客人情况，以便准确地开展预订工作	日常性
	（2）负责次日到店团队的复核工作，与接待处核对团队预订信息	日常性
	（3）接听预订电话，听取客人对订房的要求，尽力争取每一个预订	日常性
	（4）及时与营销部各销售组协调团队预订、客房房态等事宜，以避免出现"一房二主"问题	日常性
2. 督促管理班组	（1）当预订主管不在岗时，全面负责预订处的工作	特别工作
	（2）协助主管培训、督导、检查车辆和客房预订员的工作	日常性

四、客房预订员岗位职责

岗位名称	客房预订员	所属部门	前厅部	编　号	
直属上级	预订处领班	直属下级		晋升方向	

所处管理位置	

（续）

职责概述	根据领班的安排、调度，认真做好预订工作，接受客人、旅行社通过邮件、电话、传真等方式发来的预订要求，并及时沟通，准确处理各种预订信息	
职责	**职责细分**	**职责类别**
1. 受理预订	（1）接收客人各种形式（销售部、电话、传真、网络）的预订信息，并输入客房预订系统	日常性
	（2）准确拟定预订信函，发给客人后，及时跟踪、确认订房事宜	日常性
	（3）按抵店日期或按预订客人姓名的字母顺序建立预订信息库，合理地管理客房预订资料	日常性
	（4）受理预订取消和预订变更事宜，并将这些信息正确传递到接待处	日常性
	（5）检查次日到店的散客、贵宾是否有需要接机情况，协助接待处做好客人抵店前的各种准备工作	日常性
2. 其他工作	（1）根据预订资料统计可出租房的数量及房态，并帮助制作客房营业收入表格，以便相关领导做客房出租率预测工作	日常性
	（2）随时向预订领班反馈当前客房的预订情况及房间流量	日常性
	（3）负责做好工作场所的卫生清洁工作	日常性

五、车辆预订员岗位职责

岗位名称	车辆预订员	所属部门	前厅部	编　　号	
直属上级	预订处领班	直属下级		晋升方向	
所处管理位置	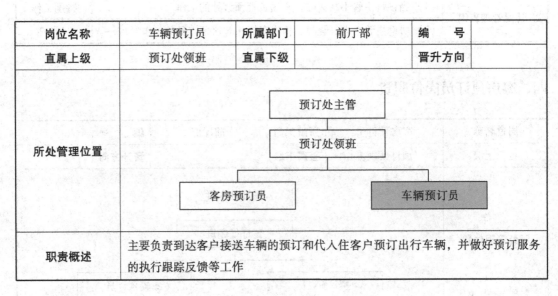				
职责概述	主要负责到达客户接送车辆的预订和代入住客户预订出行车辆，并做好预订服务的执行跟踪反馈等工作				

（续）

职责	职责细分	职责类别
1. 车辆预订服务	（1）接受客人预订车辆的请求，弄清客人到达的目的地及所需时间	日常性
	（2）记录预订车辆的相关信息，以便将订单达下发到迎宾处和车队	日常性
	（3）对于客户有特殊需求的，可以联系正规、信誉好的出租车公司	日常性
	（4）及时跟踪车辆预订服务的执行情况，以便进一步改进工作	日常性
	（5）协助处理客人对出车服务的投诉及相关纠纷，确保客人满意	日常性
2. 代客预订服务	（1）了解客人的订车需求，确认客人的订车日期、时间、人数、所需车型及目的地	日常性
	（2）根据酒店客人的具体需要，代客人预订出租车	日常性
	（3）与出租车公司做好日常维护工作，确保在客户需要时，随时能够约定上适合的出租车	日常性
3. 其他工作	（1）根据预订资料统计可出租车辆的数量及动态，并帮助制作出租车辆的营业收入表格，以便相关领导做车辆出租预测工作	日常性
	（2）随时向预订处领班反馈当前车辆的预订情况及车辆剩余量	日常性
	（3）负责做好工作场所的卫生清洁工作	日常性

第二节　预订服务岗位绩效考核量表

一、预订处主管绩效考核量表

序号	考核内容	考核指标及目标值	考核实施	
			考核人	考核结果
1	收集、整理旅行社等团队订房单位订房和订车信息	团队订房和订车信息准确率达100%		

（续表）

序号	考核内容	考核指标及目标值	考核实施	
			考核人	考核结果
2	制作、保存和分送客房销售和车辆预订报表	报表数据与实际情况偏差率不得超过____%		
3	处理预订投诉	客户投诉率不得超过____%，投诉量同比下降____%		
4	对未来七日客房滚动出租率和车辆预订情况进行预测	预测准确率达____%		
5	监督、检查预订处人员的预订工作	员工出勤率达____%，员工工作不符合酒店规范的项次为____项次		

二、预订处领班绩效考核量表

序号	考核内容	考核指标及目标值	考核实施	
			考核人	考核结果
1	收集、整理酒店客房信息、车辆信息和客人情况等信息	客房信息、车辆信息和客人情况等信息完备准确率达____%		
2	复核预订信息	预订信息出错率为0		
3	争取预订客户	客户成功预订率达____%		
4	与其他部门协调预订事宜	因沟通不利造成的差错不得超过____次		
5	预订处工作的代理管理	代班时间出差错次数为0		

三、客房预订员绩效考核量表

序号	考核内容	考核指标及目标值	考核实施	
			考核人	考核结果
1	迅速、准确地处理客人的客房预订	从接到客房预订电话到完成预订不超过____分钟		
2	输入客人客房预订信息	客房预订信息录入差错率为0		
3	拟定客房预订确认函	在完成预订后的____分钟内向客人传（寄）信函，漏传（漏寄）次数为0		
4	管理客房预订资料	客房预订资料条理清晰，出错率为0		

四、车辆预订员绩效考核量表

序号	考核内容	考核指标及目标值	考核实施	
			考核人	考核结果
1	迅速、准确地处理客人的车辆预订	从接到车辆预订电话到完成预订不超过____分钟		
2	输入客人车辆预订信息	客房车辆信息录入差错率为0		
3	代客户与出租车公司协调出租车预订事宜	代客租车及时处理率达____%，因沟通不利造成的差错不得超过____次		
4	管理车辆预订资料	车辆预订资料条理清晰，出错率为0		

第三节 预订工作程序与关键问题

一、网络预订工作程序与关键问题

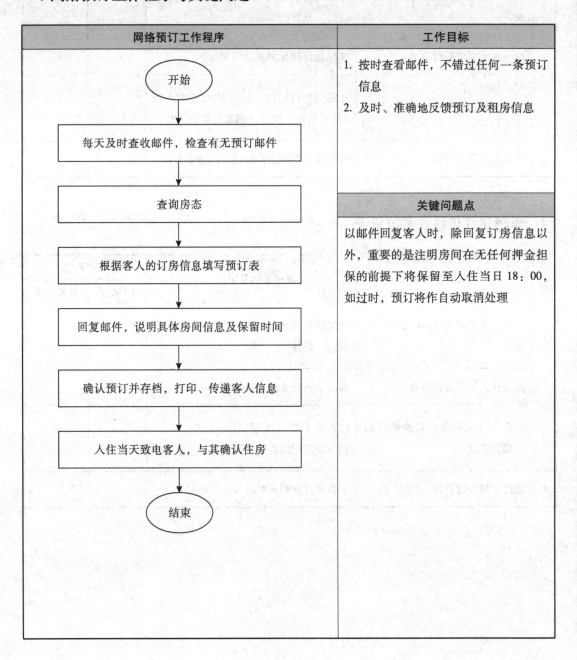

网络预订工作程序	工作目标
开始 ↓ 每天及时查收邮件，检查有无预订邮件 ↓ 查询房态 ↓ 根据客人的订房信息填写预订表 ↓ 回复邮件，说明具体房间信息及保留时间 ↓ 确认预订并存档，打印、传递客人信息 ↓ 入住当天致电客人，与其确认住房 ↓ 结束	1. 按时查看邮件，不错过任何一条预订信息 2. 及时、准确地反馈预订及租房信息 **关键问题点** 以邮件回复客人时，除回复订房信息以外，重要的是注明房间在无任何押金担保的前提下将保留至入住当日 18：00，如过时，预订将作自动取消处理

二、电话预订工作程序与关键问题

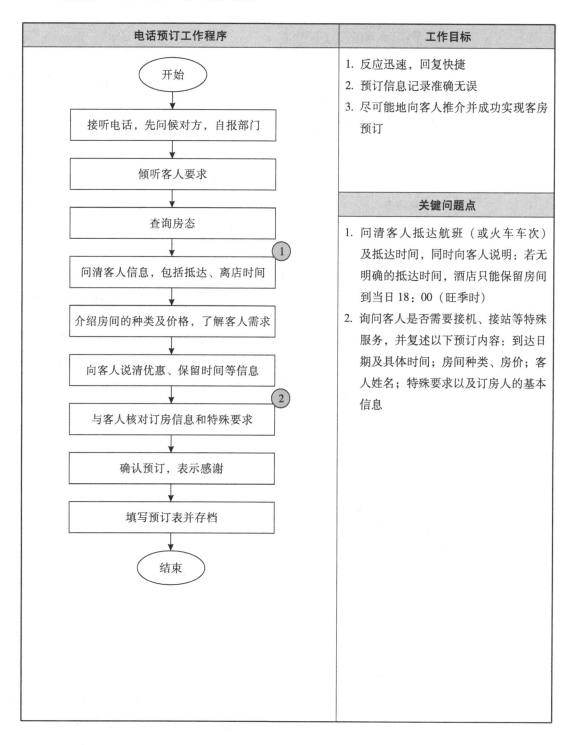

电话预订工作程序	工作目标
开始 接听电话，先问候对方，自报部门 倾听客人要求 查询房态 ① 问清客人信息，包括抵达、离店时间 介绍房间的种类及价格，了解客人需求 向客人说清优惠、保留时间等信息 ② 与客人核对订房信息和特殊要求 确认预订，表示感谢 填写预订表并存档 结束	1. 反应迅速，回复快捷 2. 预订信息记录准确无误 3. 尽可能地向客人推介并成功实现客房预订
	关键问题点
	1. 问清客人抵达航班（或火车车次）及抵达时间，同时向客人说明：若无明确的抵达时间，酒店只能保留房间到当日 18：00（旺季时） 2. 询问客人是否需要接机、接站等特殊服务，并复述以下预订内容：到达日期及具体时间；房间种类、房价；客人姓名；特殊要求以及订房人的基本信息

三、团队预订工作程序与关键问题

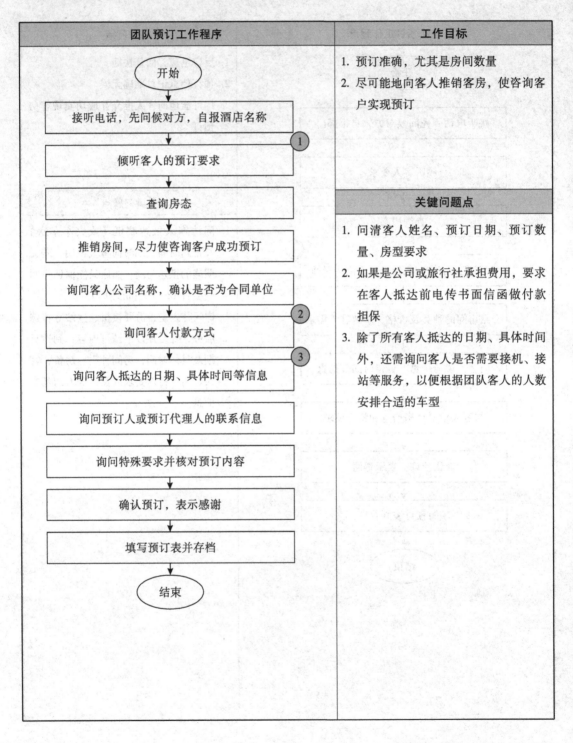

团队预订工作程序	工作目标
开始	1. 预订准确，尤其是房间数量
接听电话，先问候对方，自报酒店名称 ①	2. 尽可能地向客人推销客房，使咨询客户实现预订
倾听客人的预订要求	
查询房态	**关键问题点**
推销房间，尽力使咨询客户成功预订	1. 问清客人姓名、预订日期、预订数量、房型要求
询问客人公司名称，确认是否为合同单位 ②	2. 如果是公司或旅行社承担费用，要求在客人抵达前电传书面信函做付款担保
询问客人付款方式 ③	3. 除了所有客人抵达的日期、具体时间外，还需询问客人是否需要接机、接站等服务，以便根据团队客人的人数安排合适的车型
询问客人抵达的日期、具体时间等信息	
询问预订人或预订代理人的联系信息	
询问特殊要求并核对预订内容	
确认预订，表示感谢	
填写预订表并存档	
结束	

四、提供租车服务程序与关键问题

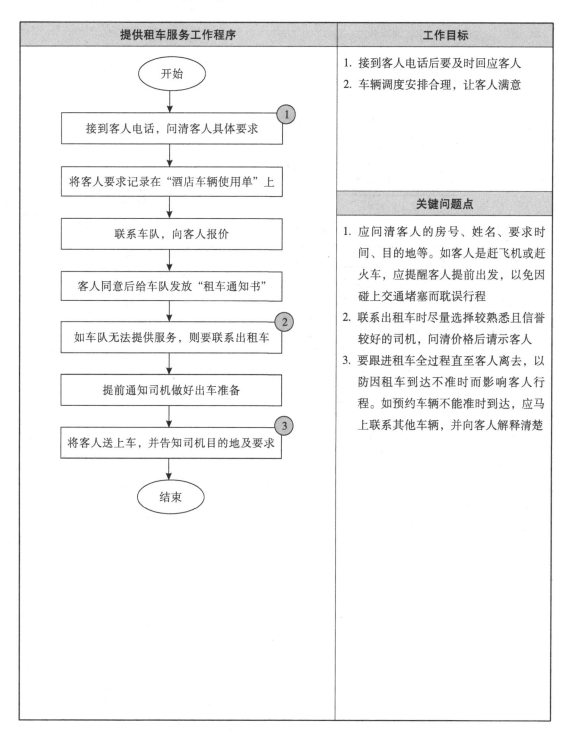

提供租车服务工作程序	工作目标
开始	1. 接到客人电话后要及时回应客人
① 接到客人电话，问清客人具体要求	2. 车辆调度安排合理，让客人满意
将客人要求记录在"酒店车辆使用单"上	**关键问题点**
联系车队，向客人报价	1. 应问清客人的房号、姓名、要求时间、目的地等。如客人是赶飞机或赶火车，应提醒客人提前出发，以免因碰上交通堵塞而耽误行程
客人同意后给车队发放"租车通知书"	2. 联系出租车时尽量选择较熟悉且信誉较好的司机，问清价格后请示客人
② 如车队无法提供服务，则要联系出租车	3. 要跟进租车全过程直至客人离去，以防因租车到达不准时而影响客人行程。如预约车辆不能准时到达，应马上联系其他车辆，并向客人解释清楚
提前通知司机做好出车准备	
③ 将客人送上车，并告知司机目的地及要求	
结束	

五、代客预订出租车服务程序与关键问题

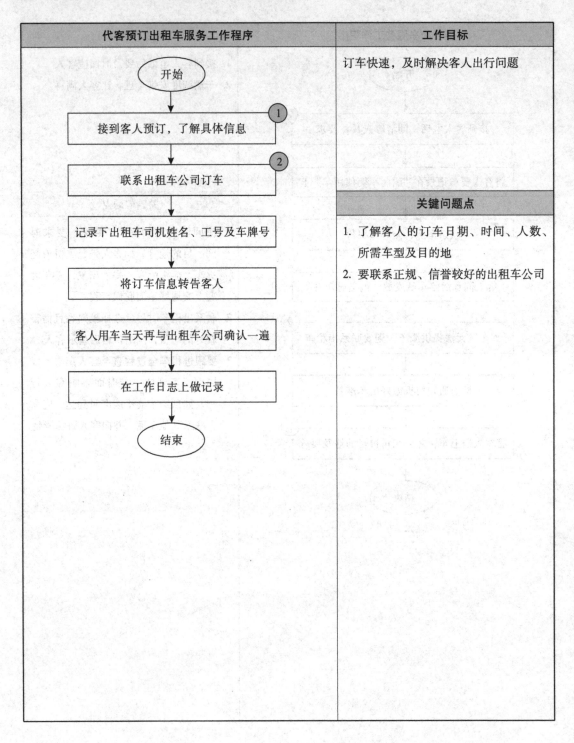

代客预订出租车服务工作程序	工作目标
	订车快速，及时解决客人出行问题

开始

① 接到客人预订，了解具体信息

② 联系出租车公司订车

记录下出租车司机姓名、工号及车牌号

将订车信息转告客人

客人用车当天再与出租车公司确认一遍

在工作日志上做记录

结束

关键问题点

1. 了解客人的订车日期、时间、人数、所需车型及目的地
2. 要联系正规、信誉较好的出租车公司

第四节 预订服务标准与服务规范

一、租车服务规范

酒店前厅部服务标准与服务规范文件		文件编号		版本	
标题	租车服务规范	发放日期			
1. 为规范对客租车服务，提高车队运营效率，提升客人对酒店整体服务的满意度，特制定本规范。 2. 车队调度员在接到客人的租车电话或收到前厅部接待人员转来的租车服务信息时，要问清下列信息，并予以详细记录。 （1）客人房号、姓名、目的地、出发时间、人数、需要车型、单程或双程以及是否需要等候等方面的细节问题。 （2）询问客人是否要赶飞机或赶火车，如果是的话要礼貌提醒客人注意时间，以免晚点。 3. 车队调度员应根据车队车辆及司机的出车情况，确定能否为客人提供租车服务。 4. 若车辆、司机无法满足客人的要求，应委婉地告知客人，在征求客人意见的基础上寻求外部车辆服务。 5. 若确定受理并向客人提供车辆服务，应将司机信息、车牌号等相关信息及时告知客人，征求客人意见。 6. 在向客人提供车辆服务前，若车辆、司机信息发生变更，要随时与客人联系。 7. 车辆调度员应提前通知司机出车时间以及客人的有关要求，在出车当天应再一次提醒司机。 8. 用车当天，车队调度员要亲自把客人送上车，再跟司机核实一遍相关事宜。如预约车辆不能准时到达，应马上联系其他车辆，并向客人解释清楚。					
签阅栏		签收人请注意：在此签字时，表示您同意下述两点内容： 1. 本人保证严格按此文件要求执行； 2. 本人有责任在发现问题时，第一时间向本文件审批人提出修改意见。			
相关说明					
编制人员		审核人员		审批人员	
编制日期		审核日期		审批日期	

二、电话预订服务标准

酒店前厅部服务标准与服务规范文件		文件编号		版本	
标题	电话预订服务标准	发放日期			

1. 电话铃响了，立即接听，如果超过三次铃响以后才接起，一定要先向客人致歉："对不起，让您久等了。"

2. 手头正有急事，听到电话铃响时可选择采取下列三种措施。

（1）立即接起，先致歉，然后再向对方解释："对不起，请稍等片刻。"

（2）征求对方的意见请其选择其他时间打来，或请客人拨打另外一个电话，此时要说："实在对不起，请您拨＿＿＿＿＿＿＿，好吗？"

（3）需要暂时搁置电话，回头再接听时要说："对不起，让您久等了"或"很抱歉，浪费您的时间了"。

3. 如果电话讲到中途断线，则需根据情况采取下列措施。

（1）若我们是接听电话的一方，则应把电话放下，并等候对方再拨电话来。

（2）若我们是拨打电话的一方，则应把电话放下后再拨一次，再次接通电话后，应加上一句："刚才中途断线，真是抱歉。"

4. 拨打和接听电话时要使用恰当的问候语、敬语。

5. 说话声音要清晰、温和，语调适中。

6. 对客人姓名的写法有疑问时，应请教客人，并须分清姓和名。

签阅栏		签收人请注意：在此签字时，表示您同意下述两点内容： 1. 本人保证严格按此文件要求执行； 2. 本人有责任在发现问题时，第一时间向本文件审批人提出修改意见。
相关说明		
编制人员		审核人员		审批人员	
编制日期		审核日期		审批日期	

三、长住客订房服务规范

酒店前厅部服务标准与服务规范文件		文件编号		版本	
标题	长住客订房服务规范	发放日期			

1. 为了规范长住客订房服务，提升预订处的工作效率，特制定本规范。

2. 本规范包括了解客人需求、签约、签约后的工作、财务结账四个方面的标准。

3. 了解客人需求。

（1）了解客人所需要的办公室、住房等方面的要求。

（2）根据客人的需求进行预订，并向客人报价。

4. 签约。

（1）了解客人所在公司的性质、信誉、对酒店的要求以及长住时间，经对方承诺后将定价写进合约。

（2）记录客人的联系电话、联系地址和联系人，以便调查和追踪。

（3）说明酒店的付款方式和要求。

（4）合约要注明时间、房号和预付款。

5. 签约后的工作。

（1）通知前厅部、客房部和财务部，注明客人抵离店日期、所租房间的类型、房号以及特殊要求。

（2）把客人的联系地址、联系电话、联系人和付款方式通知财务部。

（3）如果客人租用套房和豪华套房，则需通知客房部准备鲜花和祝福卡。

（4）建立客户长住卡，了解客人的生日，并将其输入电脑。

（5）每月底制定一份长住客户名单交给前厅部、财务部、客房部和餐饮部，以便在客人生日时送上鲜花和水果。

6. 财务结账。

（1）长住客有时会推迟付款，所以要经常与财务部联系，随时掌握客人的费用情况。

（2）如果客人已有两个月未交房租，应请财务部与客人联系，向客人说明酒店规定，希望客人依照合同办理。

签阅栏	签收人请注意：在此签字时，表示您同意下述两点内容： 1. 本人保证严格按此文件要求执行； 2. 本人有责任在发现问题时，第一时间向本文件审批人提出修改意见。		
相关说明			
编制人员	审核人员	审批人员	
编制日期	审核日期	审批日期	

四、预订工作岗位服务规范

酒店前厅部服务标准与服务规范文件		文件编号		版本	
标题	预订工作岗位服务规范	发放日期			

1. 为了规范预订处工作人员的岗位操作标准，特制定本规范，望严格执行。

2. 提前20分钟到岗交接班，遇特殊情况不能提前到岗的，应事先向主管或其他同事说明情况，最迟不得超过规定上班时间，否则按迟到处理。

3. 使用规范的礼貌用语接听电话，应以"请"字开头、"谢"字结尾，礼貌用语不离口，声音要清晰。

4. 上班前，仔细阅读交班本，了解需跟办事宜，掌握新发文件内容，了解当天房态及可租房型的信息。

5. 熟悉并掌握酒店不同种类房间的特色、优点及房间价格，鼓励客人预订最好的房间。

6. 核对订房及空房资料，检查是否有超额预订，提前做好应对措施。

7. 确保散客2分钟（最迟5分钟内）、团体5分钟（最迟10分钟内）完成一个预订录入；每个需回传的订房信息务必做到从接到预订起10分钟内反馈给对方。

8. 对于因交接班不清楚而造成工作失误或招致投诉者，给予口头警告，屡犯者给予罚款处理。

9. 对于当班所发生的有关问题，未做详细记录或对于交接下来的工作未做跟进者，屡教不改的给予罚款处理。

10. 结束通话时，要待对方先挂电话后方可放下电话，任何时候都不可以用力挂断电话，要轻拿轻放。

11. 当班时由于工作态度而招致投诉者，给予罚款处理。

12. 如遇到特殊情况或客人投诉超越自己的权限，应立即向前厅部经理汇报。

签阅栏	签收人请注意：在此签字时，表示您同意下述两点内容： 1. 本人保证严格按此文件要求执行； 2. 本人有责任在发现问题时，第一时间向本文件审批人提出修改意见。				
相关说明					
编制人员		审核人员		审批人员	
编制日期		审核日期		审批日期	

五、处理特殊预订服务规范

酒店前厅部服务标准与服务规范文件		文件编号		版本	
标题	处理特殊预订服务规范	发放日期			

客人特殊预订主要包括下列三种情形：客人自行指定房间；免费、折扣、佣金预订；预订未到。

1. 客人自行指定房间的处理规范。

（1）接到这种预订时，应先通过电脑查清在客人指定的时间内指定的房间是否可出租。

（2）如果可以，则接受客人的预订，并把该房间在电脑中锁定，在预订单上注明相关信息和房号，以免该房间再出租给其他人。

（3）被指定的房间未经客人认可任何人不得更改。

2. 免费、折扣、佣金预订的处理规范。

处理此类预订应按规定填写预订单。

（1）接到免费预订电话时，应填写申请单，并经酒店总经理批准及签字认可。

（2）接到折扣预订时，应先根据客人的会员等级确定折扣率，并将打完折的房价准确填写在预订单上，经客务总监（或主管副总）签字后方可接受预订。

（3）佣金预订，主要指由旅行社代客人预订散客客房，酒店从客人房费中提取一定比例的费用作为佣金付给旅行社。此时，预订人员可根据与旅行社所签租房协议中的条款，向其支付规定比例的佣金。

3. 预订未到的处理规范。

如客人未按时抵店，应由主办预订员跟进、联络客人并进行最后确认。如客人确认到店但最终未到，预订员一定要传真一份保证书给该公司负责人或客人，在其签名确认后，酒店财务部信贷人员负责收取该客人预订房间的相关费用。

签阅栏		签收人请注意：在此签字时，表示您同意下述两点内容： 1. 本人保证严格按此文件要求执行； 2. 本人有责任在发现问题时，第一时间向本文件审批人提出修改意见。	
相关说明			
编制人员		审核人员		审批人员	
编制日期		审核日期		审批日期	

六、处理取消预订服务规范

酒店前厅部服务标准与服务规范文件		文件编号		版本	
标题	处理取消预订服务规范	发放日期			

1. 当客人致电、致函来取消预订时，预订处工作人员应遵循下列规范予以妥善处理。

2. 审阅取消预订的函电，拟写回复函电稿，与对方再次确认取消预订。

3. 找出原始预订单，注明"取消"字样。

4. 如是口头或电话取消预订，一定要详细记录对方的姓名、联系电话和单位地址，同时请对方提供书面证明。

5. 在电脑上更新有关信息，更改"房态控制表"。

6. 对于付过预付费或订金的客人，要复印客人取消预订的函电和原始预订单，交前厅收银处，按协议退还订金、预付房费，或取消预付费。

7. 核查取消预订的客人是否有订票、订餐、订车等业务，并及时通知有关部门。

8. 应将所有取消的预订单分别放入当日预订单的后面，以备查询。

9. 将当天所有取消的预订汇总登记或打印列报，交前厅部经理审阅处理。

10. 团队预订不得随意取消，必须有前厅部预订处主管和前厅部经理的书面确认通知，方可取消。

签阅栏		签收人请注意：在此签字时，表示您同意下述两点内容： 1. 本人保证严格按此文件要求执行； 2. 本人有责任在发现问题时，第一时间向本文件审批人提出修改意见。
相关说明		
编制人员	审核人员	审批人员
编制日期	审核日期	审批日期

七、处理超额预订服务规范

酒店前厅部服务标准与服务规范文件		文件编号		版本	
标题	处理超额预订服务规范	发放日期			

1. 出现超额预订时，预订处工作人员应遵循下列规范予以妥善处理。

2. 首先向客人解释该房型预订已满，然后向客人推荐其他房型或建议客人调整住店日期。

3. 如果客人愿意，可把客人的预订放在酒店的优先等待名单上，如有客人取消预订或提前退房，可以根据名单先后次序安排客人入住。

（续）

签阅栏		签收人请注意：在此签字时，表示您同意下述两点内容： 1. 本人保证严格按此文件要求执行； 2. 本人有责任在发现问题时，第一时间向本文件审批人提出修改意见。	
相关说明			
编制人员		审核人员		审批人员	
编制日期		审核日期		审批日期	

4. 主动帮助客人联系同档次、价格相近的酒店，并承担房间差价，第二天出现空房后再把客人接回酒店，大堂副理应协助做好迎接工作并向客人表示歉意。

5. 在重大节假日和旅游旺季期间，适当保留 1.5% 左右的客房至最后出租，以备应急之用。

第五节　预订服务常用文书与表单

一、散客客房预订单

预订号码			类　　型	□ 新订　□ 修改　□ 取消
客人姓名			联系方式	
抵店日期	___年___月___日		离店日期	___年___月___日
房间种类		房间数量	房间价格	
航班号码			抵达时间	
付款方式				
特殊要求				
备注				
预订员			预订日期	

二、团队客房预订单

类型	□ 预订　□ 更改　□ 取消		团队代号	
预订日期				
抵达日期			离店日期	
客房种类		房间数	人数	
房价			预订员	
航班号			抵达时间	
团队名称			地址	
公司名称			联系人	
旅行社名称			地址	
信用卡号码			提前开房要求	
备注				

三、重要客人预订单

姓名或团队名		国籍	
身份		人数	
抵店日期		航班班次	
离店日期		航班班次	
接待单位			
具体要求			
备注			
预订员		预订日期	

四、客房预订确认函

客房预订确认函

尊敬的××女士/先生：

　　首先，感谢您（贵公司）选择了××大酒店！

　　请您（贵公司预订客房的主办人员）确认下表中所列事宜。

客房预订表

公司名称		地址					
		电话					
主办人		电话					
客人姓名	抵店日期	离店日期	房间类别	用房数量	价目	折扣	房价
备注							

　　注：预订客房将保留至当日18：00，迟于当日18：00到达的客人，请预先告知。若有任何变动，请直接与我酒店联系。我们期待您的光临！

确认人签字（盖章）　　　　　　　　确认日期：＿＿年＿＿月＿＿日

　　　　　　　　　　　　　　　　　　　　　　　　××酒店预订处

　　　　　　　　　　　　　　　　　　　　　　　　＿＿年＿＿月＿＿日

五、取消预订回复函

取消预订回复函

尊敬的××女士/先生：

　　您好！

　　今收到您的取消预订通知，现将您的客房预订取消，并将您的预订金＿＿元人民币返还。请您注意查收！

　　欢迎您下次光临本酒店！

　　　　　　　　　　　　　　　　　　　　　　　　××酒店预订处

　　　　　　　　　　　　　　　　　　　　　　　　＿＿年＿＿月＿＿日

六、优惠房价申请单

客人姓名		国籍	
到达日期		航班班次	
离店日期		航班班次	
房号		房价优惠幅度	
付款方式			
可报酒店账项目	□ 房费	□其他费用	
备注			
预订处申请人		批准人签字	
申请日期		批准日期	

七、接送车辆预订单

	预订号	团队代号	客人姓名	乘车人数	预订日期	抵达时间、航班	实际到达日期	接车时间	接车人	备注
第一联										
	□ 预订 □ 更改 □ 取消		□ 1：00pm □ 6：00pm □ 保证预订		接车预订人 日　　期			接受预订人 日　　期		
	预订号	团队代号	客人姓名	乘车人数	预订日期	抵达时间、航班	实际到达日期	接车时间	接车人	备注
第二联										
	□ 预订 □ 更改 □ 取消		□ 1：00pm □ 6：00pm □ 保证预订		接车预订人 日　　期			接受预订人 日　　期		

（续表）

	预订号	团队代号	客人姓名	乘车人数	预订日期	抵达时间、航班	实际到达日期	接车时间	接车人	备注
第三联										
	□ 预订 □ 更改 □ 取消	□ 1：00pm □ 6：00pm □ 保证预订	接车预订人 日　　期		接受预订人 日　　期					

八、预订人员工作交接表

预订情况	住房＿＿间，预订＿＿间，空房＿＿间				
特殊客人情况					
明天到店团队情况	团队编号	团队名称	到店情况	未办事项	备注
交班人员			接班人员		
交班时间	＿＿年＿＿月＿＿日＿＿时		接班时间	＿＿年＿＿月＿＿日＿＿时	
房间特殊情况	正在整修的房间				
	长住房				
	特殊房间				
其他情况					

九、一周用房滚动预报表

编号：   制表日期：＿＿年＿＿月＿＿日

日期	星期	团队	临时住店	住房率	自用房	免费房	房间总数	人数	双人占用率
	一								
	二								
	…								
	日								

上周预测住房率	为＿＿％	上周预测房费总收入	为＿＿元人民币
本周实际住房率	为＿＿％	本周实际房费总收入	为＿＿元人民币
预测差	为＿＿个百分点	预测差	为＿＿元人民币
本星期可出租客房总数 （间数×天数＝总数）		本周日平均出租率	
		本周日平均房价	

审核人：   制表人：

说明：

1. 该表主要由预订处主管负责在每天下午制作并呈送，例如，周一制作、呈送周二至下周一的用房预报，周二制作、呈送周三至下周二的用房预报，依此类推。

2. 具体制作步骤如下。

（1）准确地统计出今后一周或今后几天住店客人的人数和占用的客房数。

（2）统计今后一周或今后几天内预期抵达客人的用房数，主要依据"房间流量控制表"进行统计。

（3）统计今后一周或今后几天内每天客人离店空出的房间数量，同时考虑到客人延迟离店的规律。

（4）综合以上的统计数字，凭借原始的档案资料，制作出"一周用房滚动预报表"。

（5）报表抄送客房部、餐饮部、营销部以及前厅部接待处、礼宾处等。

第六节　提升服务质量问题解决方案

一、酒店预订工作实施方案

标　　题	酒店预订工作实施方案		文件编号		版本	
执行部门		监督部门		考证部门		

1. 方案规划

(1) 明确预订人员的工作标准和工作程序，提高其工作效率。

(2) 本方案包括酒店预订范围、预订工作内容、预订服务要求以及预订程序等。

2. 酒店预订的范围

(1) 办理团体及散客的订房事宜，进行房间预分。

(2) 做好预订存档工作，使所有预订房间得以正确累计和汇总。

(3) 收集有关信息资料，准确处理客人预订的特殊要求。

(4) 每天为酒店各部门提供详尽的即将入住客人的资料，与其他部门协调合作，使酒店达到最高开房率。

(5) 定期为酒店营销部及决策部门提供信息反馈及客源动态资料。

3. 预订的工作内容

(1) 准确掌握预订的可行性资料。

(2) 接受电话、传真以及网络预订。

(3) 处理预订的更改与取消。

(4) 办理团队、VIP 客人的预订。

(5) 核对订房情况，并对预订单进行存档。

(6) 建立客人管理档案，并及时更新。

(7) 制作有关预订情况的一览表，并输入电脑中。

4. 预订服务要求

(1) 上岗前应检查个人的仪容仪表和卫生情况，精神饱满地上岗，做好交接班工作。

(2) 熟悉酒店提供的产品、房价和酒店销售政策。

(3) 事前准备好预订用品，避免临时现查、现找等现象发生。

(4) 接到客人的订房申请后，能较快了解订房人或预订代理的基本情况和订房要求，根据客人的订房方式受理预订。

(5) 接到信函、电话、传真等预订要求后，应以同样的方式回复对方。

(6) 填写预订单时，要认真地逐栏逐项填写清楚，因为这是原始的资料，它的错误会导致订房系列工作的全盘错误。

（7）在办理重要客人、团队以及各种会议订房时，应注意问清有无特殊安排和具体要求。

（8）客人要求更改预订时，应尽可能满足客人需要，订房更改要填写准确，及时调整更改信息。

（9）客人要求取消订房时，要迅速按酒店要求取消预订。当不能满足客人的订房要求时，要有礼貌地说明原因，使客人满意。

（10）接听电话订房时，要有礼貌地问清并回答对方提出的问题，做到语气柔和、语言得体、口齿清晰。

（11）预订与接待工作要密切配合，保证订房客人能及时住进所订房间。

（12）避免轻易向客人作出确认房号的承诺，以免由于其他原因不能向客人提供此房间而失信于客人。

5. 预订工作程序

（1）明确预订要求与细节

① 在预订工作中一般将客人分为散客和团体两类。团体订房主要用于那些与酒店订有合同的客户，他们可以直接与酒店营销部商议订房，订房的详细内容由营销部协调安排。

② 散客向酒店申请订房时，要填写预订单，使酒店了解入住客人的情况，预订单包括以下六项内容。

a. 客人姓名、地址、电话号码、人数。

b. 客人所在的团体或公司。

c. 预订客房数及房间类型、房价、付款方式。

d. 预计抵店日期、时间及离店日期。

e. 交通方式以及特殊要求。

f. 预订人姓名、电话号码、预订日期。

（2）接受或婉拒预订

收到客人的订房要求后，预订员应迅速决定是否接受。

① 通过查询房态，了解酒店可接受的订房情况，决定能否接受客人的要求，如果在客人要求的日期内有空房，则可接受预订要求。

② 如果在客人要求的订房日期内，酒店无接待能力，不能满足客人需要，则应用建议的方式直接拒绝客人。建议的方式主要包括以下五种。

a. 建议客人重新选择入住酒店的日期。

b. 建议客人改变住房类型。

c. 建议客人改变对房价的要求。

d. 征询客人意见：是否愿意接受作为等待类订房。

e. 征询客人意见：是否愿意接受为他代订其他酒店的客房。

（3）确认预订

不管客人是以口头或打电话的方式订房，还是以书面的形式订房，只要客人订房后与到酒店之间

（续）

	有充足的时间，酒店都应向客人寄送书面订房确认书。确认书的作用主要体现在以下两个方面。
	①　客人可以通过书面订房确认书验证是否与他所提出的订房要求相吻合，酒店也可以通过它查对客人的信用关系、家庭或工作单位地址。
	②　订房确认书是酒店与客人之间履行权利与义务的协议书。其中的有关事项，如付款方式、保留客房的截止时间、房价等对双方行为都具有约束效力。
相关说明	

二、客人订车服务方案

标　　题	客人订车服务方案		文件编号		版本	
执行部门		监督部门		考证部门		

　1. 迎宾处人员在为客人提供订车服务时，应遵循本方案执行。

　2. 服务标准：以友善、热情、高效的方式满足客人的订车要求。

　3. 客人要求订车服务时，应与客人确认如下相关信息并认真填写订车单，主要包括以下信息。

　（1）客人姓名、房号。

　（2）用车日期和时间。

　（3）航班号码或火车班次。

　（4）目的地、行程。

　（5）所需车型。

　4. 确认相关信息后，根据"交通服务价目表"向客人介绍租用价格，并确认付款方式。

　5. 填写"车辆使用计费单"，一式四联，一联发给车队，安排用车；一联发给前台，放入客人档案中备查；一联发给迎宾处，保证准时出车；一联发给财务部，以入账核查。

　6. 客人订车时需查询车队后方可接受客人预订。

　7. 遇客人临时订车，可先电话通知车队出车，当日内再补发订车单。

　8. 客人用车免费及折扣须经前厅部经理批准，节假日期间可由值班经理批准。对于客人用车免费及折扣应详细注明原因。

　9. 若酒店车辆有任何延误，一定要及时通知客人。

　10. 若客人有订车要求，应先安排酒店车辆为客人服务。若酒店车辆满足不了客人的需求，方可联系酒店外的出租车。

　11. 绝不允许向出租车司机索要佣金，一经发现将严肃处理。

相关说明	

三、超额预订预防及处理方案

标　　题	超额预订预防及处理方案		文件编号		版本	
执行部门		监督部门		考证部门		

1. 预订处工作人员应严格遵照下列方案，做好超额预订的预防及处理工作。

2. 每日统计次日预计抵达客人的名单。

3. 核对次日预计抵达的预订客人，并准确统计住房数，估计将要入住的客房数。

4. 预订领班应于每个周末编制出下一周的住房预报表。

5. 预订员在编制预算报表时，如发现某天订房已达到房间总数的90%，则应预留10间以备当天紧急接待使用。

6. 对于客人预订的客房，若客人未交订金，一般只保留至当天的18：00。如过时客人仍未按时抵店，且客人订房时又无特别说明，则应即时与订房人联系，确认留房情况，并根据该公司或个人的信誉情况，限定入住时间，或促请其预交订金。对于逾时不到的客人，应与其确认是否取消预订。

7. 在客满情况下，若有客人到店，预订员可采取下列措施。

（1）首先了解客房使用情况，如果此时仍有预留房，则请示预订处主管能否将预留房租给客人。

（2）如果可以，则为客人办理入住手续，并向客人表示因房间紧张，希望客人下次能提前预订。

（3）如果不可以，则向客人表示所有房间已满，并向客人表示歉意。

相关说明	

四、预订失约处理与控制方案

标　　题	预订失约处理与控制方案		文件编号		版本	
执行部门		监督部门		考证部门		

针对酒店最近出现的预订失约现象，特制定本方案，相关人员应严格遵照本方案执行。

1. 预订失约的原因

产生预订失约的原因有很多，本方案针对的主要是以下五种情况。

（1）未能准确掌握可用客房的数量。

（2）预订过程中系统出现差错，未能成功预订。

（3）部门之间沟通协调不畅，导致预订失约。

（4）未能精确统计信息数据及实施了超额预订。

（5）预订员没有真正领会客人的预订要求或对销售政策缺乏了解，导致预订失约。

2. 预订失约行为的处理方式

（1）诚恳解释失约原因并致歉，请求客人的谅解。

（续）

（2）立即联系其他同等级别的酒店，请求援助。
（3）免费提供交通工具和第一天客房费用。
（4）免费提供 1～2 次的长话费或传真费，以使客人能将临时改变的住处信息告知相关人员。
（5）临时保留客人的相关信息，便于为客人提供邮件及查询服务。
（6）征得客人同意，并做好搬回酒店时的接待工作。
（7）向预订委托人致歉，向提供援助的酒店致谢。
3．失约控制措施
（1）完善预订各项政策，健全预订程序及其标准。
（2）加强与预订中心、预订代理处的沟通。
（3）建立与接待处等进行沟通的制度。
（4）注重培训、督导预订员，加强其责任心，提高其预订业务水平。
（5）由专人负责将预订信息按要求输入计算机或标注在客房预订汇总表上。
（6）预订客房时，应特别注意预订细节。
（7）加强预订工作的检查，避免出现差错、遗漏。
（8）合理配置预订处人员，做到人尽其用。

相关说明	

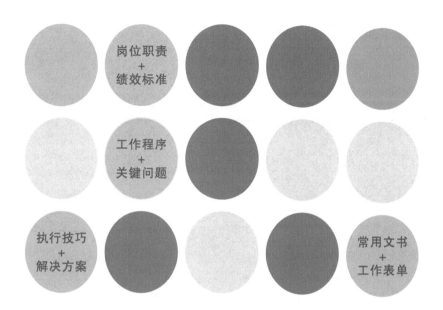

岗位职责
＋
绩效标准

工作程序
＋
关键问题

执行技巧
＋
解决方案

常用文书
＋
工作表单

第三章

接待服务精细化管理

第一节　接待服务岗位描述

一、接待服务岗位设置

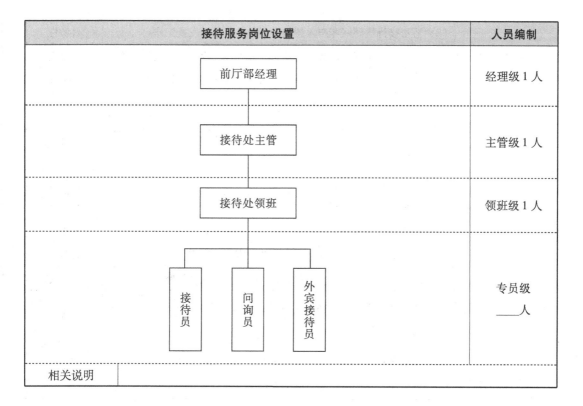

接待服务岗位设置	人员编制
前厅部经理	经理级 1 人
接待处主管	主管级 1 人
接待处领班	领班级 1 人
接待员　问询员　外宾接待员	专员级 ___ 人
相关说明	

二、接待处主管岗位职责

岗位名称	接待处主管	所属部门	前厅部	编　号	
直属上级	前厅部经理	直属下级	接待处领班	晋升方向	
所处管理位置					

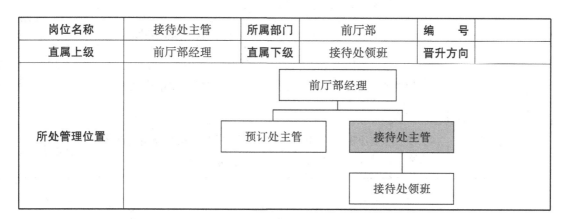

（续）

职责概述	负责接待处日常管理工作，直接管理接待处员工，保持接待处良好运作，确保为客人提供优质的接待及相关服务	
职责	**职责细分**	**职责类别**
1. 组织做好客人接待等服务	(1) 负责并亲自做好进店团队、会议、商务客人和贵宾的接待工作	日常性
	(2) 监督接待员做好客户入住做卡工作和早餐券发放工作	日常性
	(3) 组织下属做好入住客户的身份验证工作，确保客户准确入住	日常性
	(4) 听取客人的意见并解答客人提出的疑难问题，回答客人询问	日常性
	(5) 组织处理酒店前厅总柜台接收到的信件、传真、包裹等	日常性
	(6) 协调处理好职权范围内的客人投诉，超权限的要及时向上级汇报	日常性
2. 话务服务管理	(1) 组织做好转接电话工作	日常性
	(2) 组织做好为客人提供准时、清晰的叫醒服务	日常性
	(3) 组织做好为客人提供"请勿打扰"服务，确保客人不被打扰	日常性
	(4) 组织做好电话留言服务，准确转达客人的留言	日常性
	(5) 组织做好开通长途电话服务，准时开通，准确收费	日常性
3. 组织实施委托代办服务	(1) 建立委托代办服务体系，以满足客人、酒店内外活动的信息需求以及规范服务	日常性
	(2) 钻研委托代办业务，不断开发新业务，最大程度上提高酒店经济效益	日常性
	(3) 安排并监督下属员工按照工作标准做好代送物、代购、代寄、代取、代订票、代转交物品等委托代办服务	日常性
4. 核查、统计客房信息	(1) 与客房部保持紧密联系，共同核对当天客房的实际情况	日常性
	(2) 与预订处主管保持联系，随时向其提供当时房态情况	日常性
	(3) 协助前厅部经理做好房态统计工作，并向其他部门报告房态信息	日常性
	(4) 负责核查房租报告和每日营业日报，并根据次日和当日订房数，统计并预测当日和次日及昨日客房出租率	日常性

（续）

职责	职责细分	职责类别
5. 日常巡查	（1）做好接待处的巡查工作，及时处理问题并做好书面记录	日常性
	（2）检查督促前厅大堂及接待处的环境卫生及保洁工作	日常性
6. 员工管理	（1）制订培训计划，负责本班组员工的培训	日常性
	（2）监督员工的工作，对员工的业绩进行评估和考核	日常性
	（3）编制接待处员工的休假及换班表，负责接待处员工的人事调动	周期性

三、接待处领班岗位职责

岗位名称	接待处领班	所属部门	前厅部	编　　号	
直属上级	接待处主管	直属下级	接待员	晋升方向	
所处管理位置		接待处主管 ─ 接待处领班 ─ 接待员			
职责概述		协助接待处主管做好客人接待、话务服务、委托代办等服务工作，监督、检查接待员的工作并落实具体事务，确保为客人提供满意、优质的服务			

职责	职责细分	职责类别
1. 做好接待及相关工作	（1）协助接待员做好客户入住和离店等接待工作	日常性
	（2）监督接待员为客人提供电话转接、客人叫醒、"请勿打扰"、电话留言等话务服务	日常性
	（3）积极向客人推销客房及委托代理服务	日常性
	（4）协助接待员处理好客人的疑难、紧急问题	特别工作
	（5）在掌握客房信息及即时性房态的基础上，配合完成客房预订工作	特别工作

（续）

职责	职责细分	职责类别
2. 协助主管管好接待工作	（1）监督并指导当班接待员完成日常工作，检查服务设施是否完好	日常性
	（2）督导接待员按程序和规范为客人办理住店、离店手续，指导接待员合理安排客房，全力落实客人的特殊需求	日常性
	（3）检查接待员工作情况，督促并协助接待员工作，保证话务服务质量	日常性
	（4）安排接待员处理好委托代办服务	日常性
	（5）与营销部、客房部、餐饮部及时沟通，获取当天酒店内举办的各种活动和会议消息，以便安排员工班次进行接待服务	日常性
	（6）检查员工交接班记录，查看工作完成情况，对尚未完成的工作要督促相关人员尽快完成	日常性
3. 员工管理	（1）合理安排本组员工的工作任务，调动员工的工作积极性	日常性
	（2）检查班组员工的工作情况及服务质量，及时纠正员工工作中存在的错误	日常性
	（3）检查、督导班组员工的仪容仪表及服务规范	日常性
	（4）检查班组员工的考勤情况，向主管提出奖惩计划	周期性

四、接待处接待员岗位职责

岗位名称	接待员	所属部门	前厅部	编　　号	
直属上级	接待处领班	直属下级		晋升方向	
所处管理位置					

接待处主管

接待处领班

接待员

（续）

职责概述	负责处理具体的住离店服务、话务服务和委托代办服务，尽可能地满足客人要求，随时记录接待信息，及时向领班汇报相关情况	
职责	**职责细分**	**职责类别**
1. 住离店服务	（1）做好进店客人入住和离店手续的办理工作	日常性
	（2）做好客人入住做卡工作和早餐券发放工作	日常性
	（3）做好入住客人的身份验证工作，确保客人准确入住	日常性
	（4）听取客人的意见并解答客人提出的疑难问题，回答客人询问	日常性
2. 话务服务	（1）使用规范语言把需要转接的电话接转到相关部门，若转接后无人接听，主动询问客人是否需要留言	日常性
	（2）及时、准确地受理客人的每一条留言，并准时转交留言	日常性
	（3）记录所有叫醒服务的要求，准时、准确地向客人提供叫醒服务	日常性
	（4）准时为客人开通和取消"请勿打扰"服务，"请勿打扰"期间礼貌地请来电者留言或取消"请勿打扰"后再来电	日常性
	（5）负责接收住店客人相关的服务要求，并传达给有关部门	日常性
	（6）为客人查询酒店内外的服务信息，包括电话号码、交通旅游信息、某种特殊活动信息等的查询工作	日常性
3. 委托代办服务	（1）为客户提供代订飞机票、火车票、演唱会门票等服务	日常性
	（2）为客户提供代购、代寄取、代转交物品等系列委托代办服务	日常性
	（3）主动向客人介绍酒店的其他委托代办服务项目，最大程度上为酒店争取利益	日常性
4. 及时汇报情况	（1）将客人到店信息以及延时退房等特殊情况及时通知客房部	特别工作
	（2）详细记录客情信息，发现问题及时向本班领班汇报	日常性

第二节 接待服务岗位绩效考核量表

一、接待处主管绩效考核量表

序号	考核内容	考核指标及目标值	考核实施	
			考核人	考核结果
1	做好贵宾、团队等接待工作	客人满意度评分平均达____分		
2	负责解答客人的问题	客人问题准确解答率达100%		
3	处理好客人投诉	投诉量同比下降率达____%		
4	按时编制营业日报并上交，统计并预测出租率	相关报表数据的出错率为0		
5	协助人力资源部做好员工培训及考核工作	员工考核达标率达____%		

二、接待处领班绩效考核量表

序号	考核内容	考核指标及目标值	考核实施	
			考核人	考核结果
1	积极推销客房及酒店服务	客房销售增长率达____%		
2	督导员工办理客人入住和离店手续	入住和离店手续办理差错率为0		
3	组织做好转接、叫醒等话务工作	客人满意度评分平均达____分		
4	组织接待员处理委托代办事项	委托事项及时处理率达____%		
5	不断开发委托代办新业务	委托代办服务项目年营业额不低于____万元		
6	必要时协助办理客房预订业务	办理预订出错率为0		

三、接待处接待员绩效考核量表

序号	考核内容	考核指标及目标值	考核实施	
			考 核 人	考核结果
1	为客人办理入住和离店登记手续,安排客房	入住和离店手续办理差错率为0 客人对排房投诉率为0		
2	提供查询服务和回答客人问题	让客人等待时间不超过____分钟,问题及时解决率达____%		
3	迅速接听电话,转接电话,处理客人留言	电话铃响不得超过3声,客人电话漏传率控制为0,客人满意度评分平均达____分		
4	提供叫醒服务和"请勿打扰"服务	漏叫次数不得超过____次,因漏叫致酒店受损失的金额控制在____元		
5	为客人提供代办服务工作	代办工作按时完成率达____%,客人满意度评分平均达____分		
6	及时向领班报告工作中出现的问题	从出现问题到领班得知不得超过____分钟		

第三节　接待工作程序与关键问题

一、客人入住做卡程序与关键问题

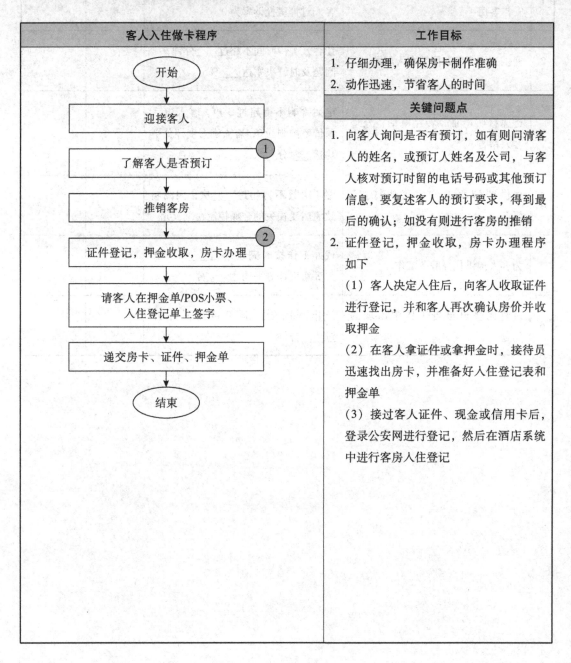

客人入住做卡程序	工作目标
开始 迎接客人 了解客人是否预订　① 推销客房 证件登记，押金收取，房卡办理　② 请客人在押金单/POS小票、 入住登记单上签字 递交房卡、证件、押金单 结束	1. 仔细办理，确保房卡制作准确 2. 动作迅速，节省客人的时间

关键问题点部分：

1. 向客人询问是否有预订，如有则问清客人的姓名，或预订人姓名及公司，与客人核对预订时留的电话号码或其他预订信息，要复述客人的预订要求，得到最后的确认；如没有则进行客房的推销

2. 证件登记，押金收取，房卡办理程序如下

　(1) 客人决定入住后，向客人收取证件进行登记，并和客人再次确认房价并收取押金

　(2) 在客人拿证件或拿押金时，接待员迅速找出房卡，并准备好入住登记表和押金单

　(3) 接过客人证件、现金或信用卡后，登录公安网进行登记，然后在酒店系统中进行客房入住登记

二、散客接待程序与关键问题

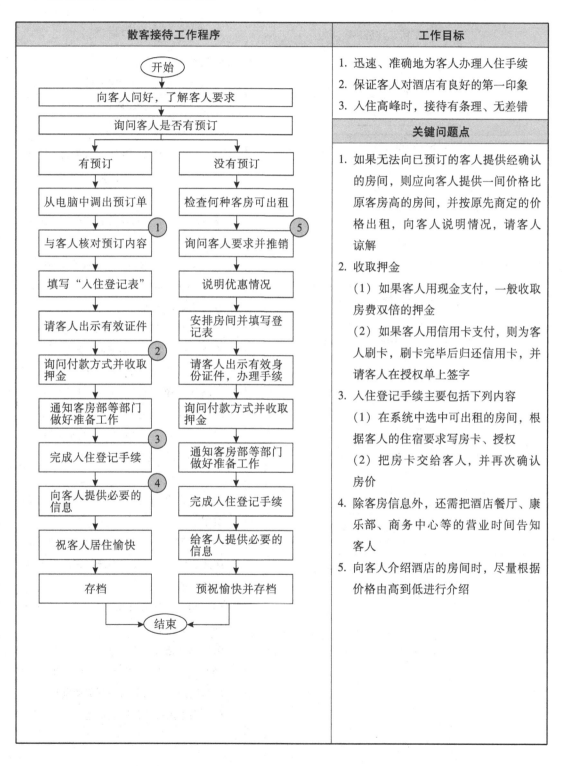

散客接待工作程序	工作目标

工作目标

1. 迅速、准确地为客人办理入住手续
2. 保证客人对酒店有良好的第一印象
3. 入住高峰时，接待有条理、无差错

关键问题点

1. 如果无法向已预订的客人提供经确认的房间，则应向客人提供一间价格比原客房高的房间，并按原先商定的价格出租，向客人说明情况，请客人谅解
2. 收取押金
   （1）如果客人用现金支付，一般收取房费双倍的押金
   （2）如果客人用信用卡支付，则为客人刷卡，刷卡完毕后归还信用卡，并请客人在授权单上签字
3. 入住登记手续主要包括下列内容
   （1）在系统中选中可出租的房间，根据客人的住宿要求写房卡、授权
   （2）把房卡交给客人，并再次确认房价
4. 除客房信息外，还需把酒店餐厅、康乐部、商务中心等的营业时间告知客人
5. 向客人介绍酒店的房间时，尽量根据价格由高到低进行介绍

三、团队接待程序与关键问题

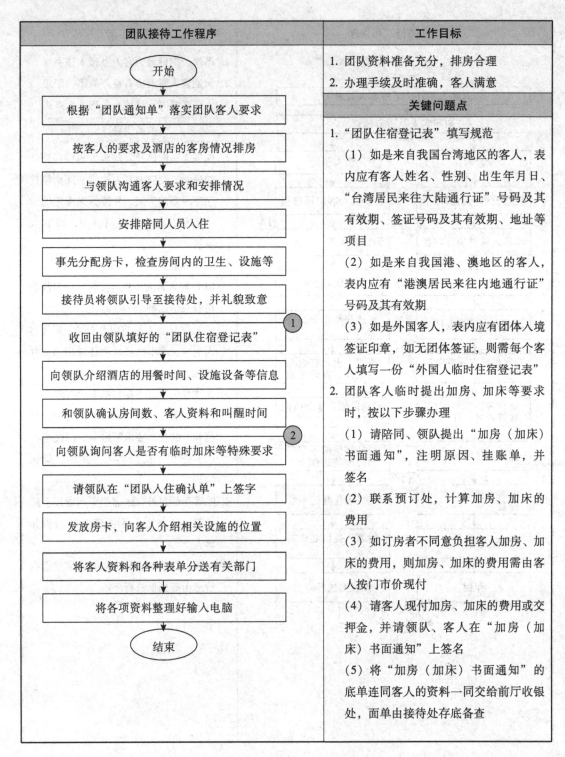

团队接待工作程序	工作目标
开始	1. 团队资料准备充分，排房合理
根据"团队通知单"落实团队客人要求	2. 办理手续及时准确，客人满意
按客人的要求及酒店的客房情况排房	**关键问题点**
与领队沟通客人要求和安排情况	1. "团队住宿登记表"填写规范
安排陪同人员入住	（1）如是来自我国台湾地区的客人，表内应有客人姓名、性别、出生年月日、"台湾居民来往大陆通行证"号码及其有效期、签证号码及其有效期、地址等项目
事先分配房卡，检查房间内的卫生、设施等	（2）如是来自我国港、澳地区的客人，表内应有"港澳居民来往内地通行证"号码及其有效期
接待员将领队引导至接待处，并礼貌致意	（3）如是外国客人，表内应有团体入境签证印章，如无团体签证，则需每个客人填写一份"外国人临时住宿登记表"
① 收回由领队填好的"团队住宿登记表"	2. 团队客人临时提出加房、加床等要求时，按以下步骤办理
向领队介绍酒店的用餐时间、设施设备等信息	（1）请陪同、领队提出"加房（加床）书面通知"，注明原因、挂账单，并签名
和领队确认房间数、客人资料和叫醒时间	（2）联系预订处，计算加房、加床的费用
② 向领队询问客人是否有临时加床等特殊要求	（3）如订房者不同意负担客人加房、加床的费用，则加房、加床的费用需由客人按门市价现付
请领队在"团队入住确认单"上签字	（4）请客人现付加房、加床的费用或交押金，并请领队、客人在"加房（加床）书面通知"上签名
发放房卡，向客人介绍相关设施的位置	（5）将"加房（加床）书面通知"的底单连同客人的资料一同交给前厅收银处，面单由接待处存底备查
将客人资料和各种表单分送有关部门	
将各项资料整理好输入电脑	
结束	

四、客人验证程序与关键问题

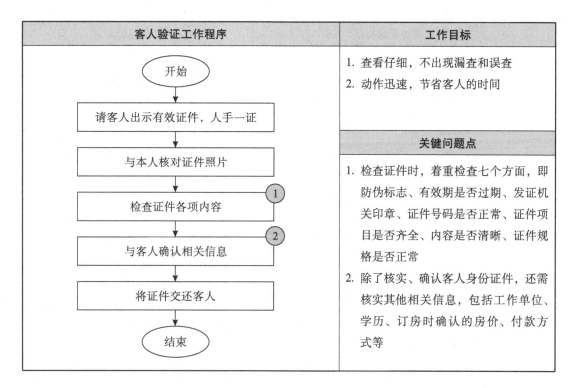

客人验证工作程序	工作目标

工作目标

1. 查看仔细，不出现漏查和误查
2. 动作迅速，节省客人的时间

关键问题点

1. 检查证件时，着重检查七个方面，即防伪标志、有效期是否过期、发证机关印章、证件号码是否正常、证件项目是否齐全、内容是否清晰、证件规格是否正常
2. 除了核实、确认客人身份证件，还需核实其他相关信息，包括工作单位、学历、订房时确认的房价、付款方式等

五、外宾验证程序与关键问题

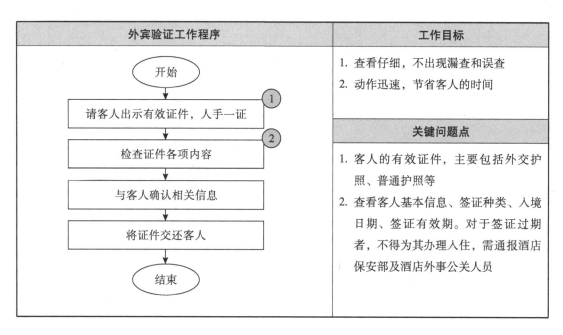

工作目标

1. 查看仔细，不出现漏查和误查
2. 动作迅速，节省客人的时间

关键问题点

1. 客人的有效证件，主要包括外交护照、普通护照等
2. 查看客人基本信息、签证种类、入境日期、签证有效期。对于签证过期者，不得为其办理入住，需通报酒店保安部及酒店外事公关人员

六、客人早餐券发放程序与关键问题

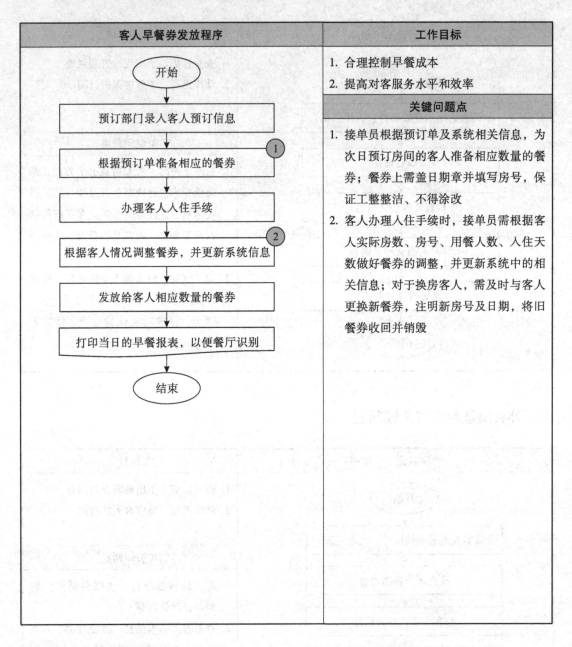

客人早餐券发放程序	工作目标
开始 预订部门录入客人预订信息 根据预订单准备相应的餐券 ① 办理客人入住手续 根据客人情况调整餐券，并更新系统信息 ② 发放给客人相应数量的餐券 打印当日的早餐报表，以便餐厅识别 结束	1. 合理控制早餐成本 2. 提高对客服务水平和效率
	关键问题点
	1. 接单员根据预订单及系统相关信息，为次日预订房间的客人准备相应数量的餐券；餐券上需盖日期章并填写房号，保证工整整洁、不得涂改 2. 客人办理入住手续时，接单员需根据客人实际房数、房号、用餐人数、入住天数做好餐券的调整，并更新系统中的相关信息；对于换房客人，需及时与客人更换新餐券，注明新房号及日期，将旧餐券收回并销毁

七、散客离店程序与关键问题

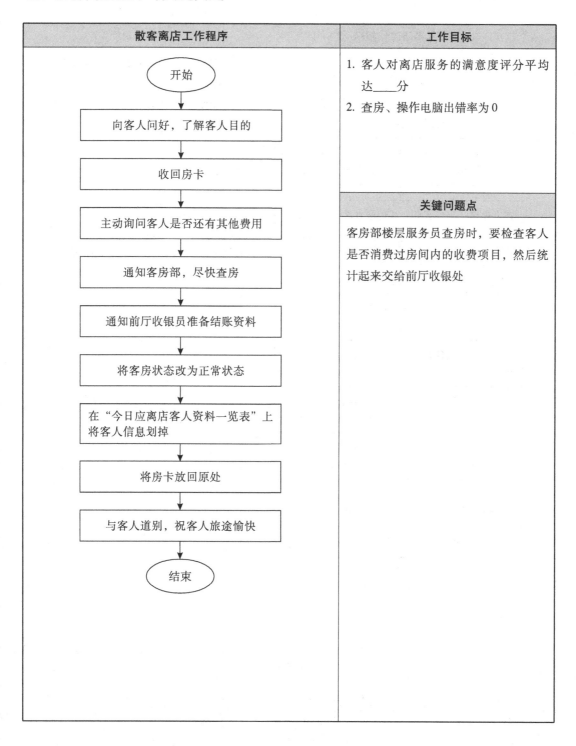

散客离店工作程序	工作目标
开始 → 向客人问好，了解客人目的 → 收回房卡 → 主动询问客人是否还有其他费用 → 通知客房部，尽快查房 → 通知前厅收银员准备结账资料 → 将客房状态改为正常状态 → 在"今日应离店客人资料一览表"上将客人信息划掉 → 将房卡放回原处 → 与客人道别，祝客人旅途愉快 → 结束	1. 客人对离店服务的满意度评分平均达____分 2. 查房、操作电脑出错率为0
	关键问题点
	客房部楼层服务员查房时，要检查客人是否消费过房间内的收费项目，然后统计起来交给前厅收银处

八、团队离店程序与关键问题

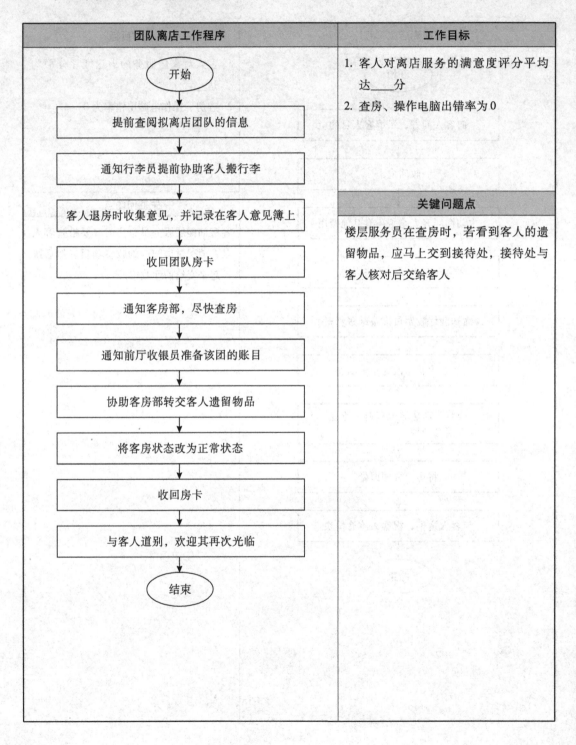

团队离店工作程序	工作目标
开始 → 提前查阅拟离店团队的信息 → 通知行李员提前协助客人搬行李 → 客人退房时收集意见，并记录在客人意见簿上 → 收回团队房卡 → 通知客房部，尽快查房 → 通知前厅收银员准备该团的账目 → 协助客房部转交客人遗留物品 → 将客房状态改为正常状态 → 收回房卡 → 与客人道别，欢迎其再次光临 → 结束	1. 客人对离店服务的满意度评分平均达＿＿分 2. 查房、操作电脑出错率为0
	关键问题点
	楼层服务员在查房时，若看到客人的遗留物品，应马上交到接待处，接待处与客人核对后交给客人

九、转接电话程序与关键问题

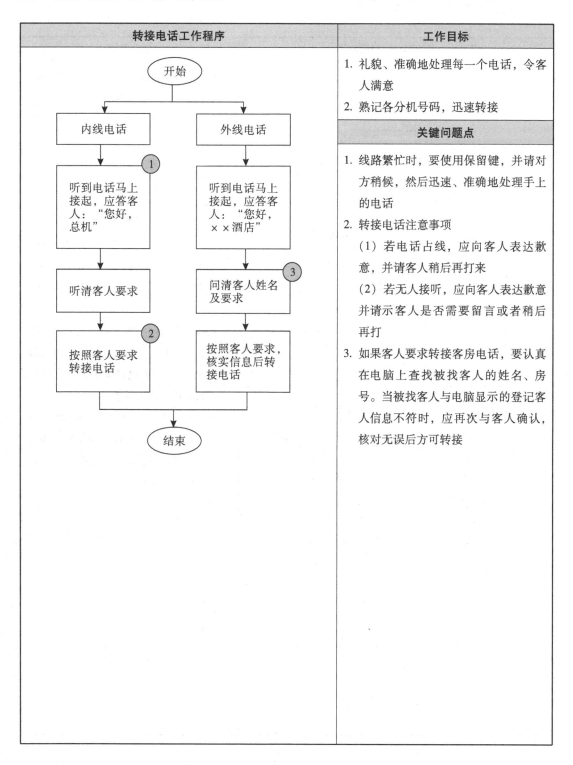

转接电话工作程序	工作目标

工作目标

1. 礼貌、准确地处理每一个电话，令客人满意
2. 熟记各分机号码，迅速转接

关键问题点

1. 线路繁忙时，要使用保留键，并请对方稍候，然后迅速、准确地处理手上的电话
2. 转接电话注意事项
   （1）若电话占线，应向客人表达歉意，并请客人稍后再打来
   （2）若无人接听，应向客人表达歉意并请示客人是否需要留言或者稍后再打
3. 如果客人要求转接客房电话，要认真在电脑上查找被找客人的姓名、房号。当被找客人与电脑显示的登记客人信息不符时，应再次与客人确认，核对无误后方可转接

十、叫醒服务程序与关键问题

叫醒服务工作程序	工作目标

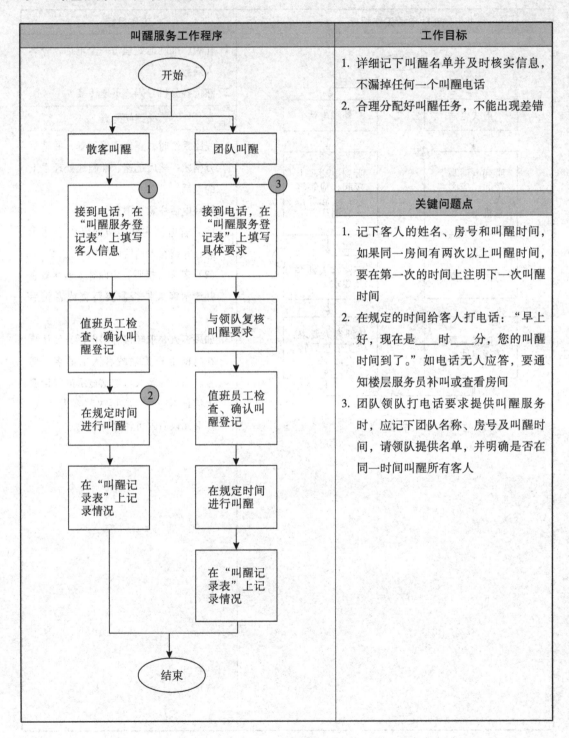

工作目标

1. 详细记下叫醒名单并及时核实信息，不漏掉任何一个叫醒电话
2. 合理分配好叫醒任务，不能出现差错

关键问题点

1. 记下客人的姓名、房号和叫醒时间，如果同一房间有两次以上叫醒时间，要在第一次的时间上注明下一次叫醒时间
2. 在规定的时间给客人打电话："早上好，现在是____时____分，您的叫醒时间到了。"如电话无人应答，要通知楼层服务员补叫或查看房间
3. 团队领队打电话要求提供叫醒服务时，应记下团队名称、房号及叫醒时间，请领队提供名单，并明确是否在同一时间叫醒所有客人

十一、"请勿打扰"服务程序与关键问题

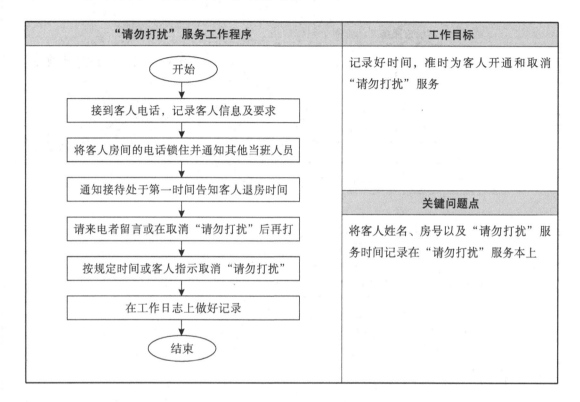

"请勿打扰"服务工作程序	工作目标
开始	记录好时间,准时为客人开通和取消"请勿打扰"服务
接到客人电话,记录客人信息及要求	
将客人房间的电话锁住并通知其他当班人员	
通知接待处于第一时间告知客人退房时间	**关键问题点**
请来电者留言或在取消"请勿打扰"后再打	将客人姓名、房号以及"请勿打扰"服务时间记录在"请勿打扰"服务本上
按规定时间或客人指示取消"请勿打扰"	
在工作日志上做好记录	
结束	

十二、开通长途电话服务程序与关键问题

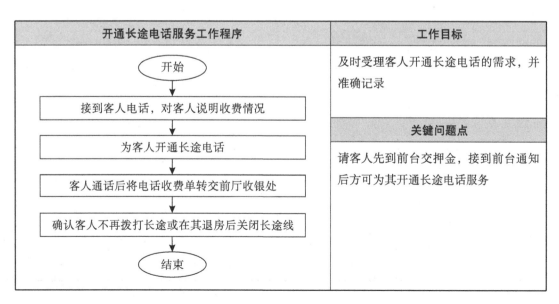

开通长途电话服务工作程序	工作目标
开始	及时受理客人开通长途电话的需求,并准确记录
接到客人电话,对客人说明收费情况	**关键问题点**
为客人开通长途电话	请客人先到前台交押金,接到前台通知后方可为其开通长途电话服务
客人通话后将电话收费单转交前厅收银处	
确认客人不再拨打长途或在其退房后关闭长途线	
结束	

十三、处理住客留言服务程序与关键问题

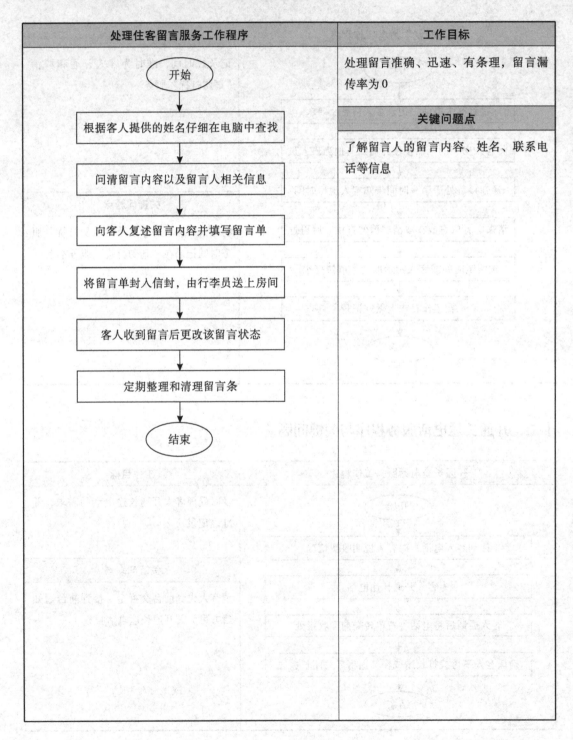

处理住客留言服务工作程序	工作目标
	处理留言准确、迅速、有条理，留言漏传率为0
	关键问题点
	了解留言人的留言内容、姓名、联系电话等信息

开始

根据客人提供的姓名仔细在电脑中查找

问清留言内容以及留言人相关信息

向客人复述留言内容并填写留言单

将留言单封入信封，由行李员送上房间

客人收到留言后更改该留言状态

定期整理和清理留言条

结束

十四、委托转交物品服务程序与关键问题

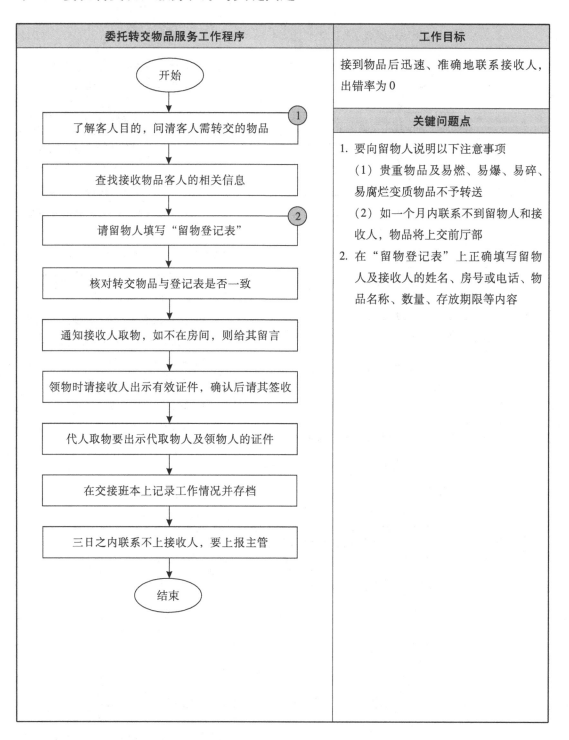

委托转交物品服务工作程序	工作目标
开始	接到物品后迅速、准确地联系接收人,出错率为0
① 了解客人目的,问清客人需转交的物品	**关键问题点**
查找接收物品客人的相关信息	1. 要向留物人说明以下注意事项
② 请留物人填写"留物登记表"	(1)贵重物品及易燃、易爆、易碎、易腐烂变质物品不予转送
核对转交物品与登记表是否一致	(2)如一个月内联系不到留物人和接收人,物品将上交前厅部
通知接收人取物,如不在房间,则给其留言	2. 在"留物登记表"上正确填写留物人及接收人的姓名、房号或电话、物品名称、数量、存放期限等内容
领物时请接收人出示有效证件,确认后请其签收	
代人取物要出示代取物人及领物人的证件	
在交接班本上记录工作情况并存档	
三日之内联系不上接收人,要上报主管	
结束	

十五、信用卡预授权与撤销服务程序与关键问题

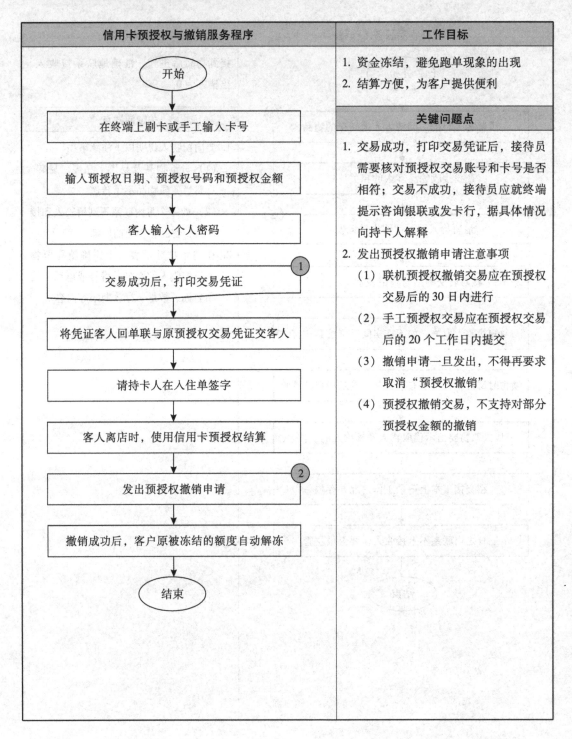

信用卡预授权与撤销服务程序	工作目标
开始	1. 资金冻结，避免跑单现象的出现
在终端上刷卡或手工输入卡号	2. 结算方便，为客户提供便利
输入预授权日期、预授权号码和预授权金额	**关键问题点**
客人输入个人密码	1. 交易成功，打印交易凭证后，接待员需要核对预授权交易账号和卡号是否相符；交易不成功，接待员应就终端提示咨询银联或发卡行，据具体情况向持卡人解释
交易成功后，打印交易凭证 ①	2. 发出预授权撤销申请注意事项
将凭证客人回单联与原预授权交易凭证交客人	（1）联机预授权撤销交易应在预授权交易后的 30 日内进行
请持卡人在入住单签字	（2）手工预授权交易应在预授权交易后的 20 个工作日内提交
客人离店时，使用信用卡预授权结算	（3）撤销申请一旦发出，不得再要求取消"预授权撤销"
发出预授权撤销申请 ②	（4）预授权撤销交易，不支持对部分预授权金额的撤销
撤销成功后，客户原被冻结的额度自动解冻	
结束	

第四节 接待服务标准与服务规范

一、散客接待服务规范

酒店前厅部服务标准与服务规范文件		文件编号		版本	
标题	散客接待服务规范	发放日期			

1. 目的

为了规范接待人员对客服务标准，提高接待人员的服务水平和整体素质，特制定本规范。

2. 适用范围

本规范适用于酒店散客的接待工作。

3. 欢迎客人抵店

（1）当客人走入酒店时，迎宾应目视顾客并鞠躬致意："您好！欢迎光临。"

（2）当客人走近前台时，接待员应目视客人并点头微笑致意："先生/女士/小姐，您好！欢迎光临。"

（3）如客人走近时接待员正在忙碌（接听电话、处理手头文件、接待其他客人），则应目视客人，点头微笑并示意客人稍候，同时尽快结束手头工作，接待客人，并致歉："先生/女士/小姐，对不起，让您久等了。"

4. 确认预订

（1）接待员征询客人是否预订。如果客人预订了房间，则接待员查找预订单，与客人核对预订资料并确认客人的住宿要求（客房类型、房价、折扣、离店日期）、确定客房现有情况及查找是否有客人留言。

（2）如果客人没有预订，接待员应询问客人的住宿要求，确定客房现有情况，如有空房，应向客人介绍可租房间的种类、位置、价格，等候客人选择，并回答客人询问。

（3）若已无可供出租的房间，则应向客人致歉，并向客人介绍附近酒店的情况，询问是否需要帮助；若客人需要帮助，则应引导其到问询处，由问询员负责帮助客人联络。

（4）如客人只是询问，并非入住，则应耐心解答客人的询问或引领客人到问询处。

5. 填写入住登记表

（1）客人确认入住，接待员应协助客人填写"客人入住登记表"，以便为客人分房、定价，满足客人的住宿要求，提供有针对性的服务（如客人来函、来电的转送，遗留物品的处理等）。

（2）"客人入住登记表"的内容主要包括国家法律对中外客人所规定的登记项目：国籍，姓名（外文姓名），出生日期，性别，身份证号或护照号码，签证种类、号码与期限，职业，停留事由，入境时间、地点及接待单位，入住房间号码，每日房价，抵离店时间，结算方式，住客签名，接待员签名，酒店责任声明。

（续）

6. 排房

接待员要掌握客房入住情况，包括房间位置、朝向及房间设施、房价，以便根据客人对住宿的要求为其安排合适的客房。

7. 确认付款方式

（1）接待员应征询客人付款方式，如客人使用信用卡付款，则应请客人出示信用卡并核对信用卡的有效期及签字；如客人用现金付款，则应按照酒店现金付款的有关规定办理；如客人使用支票付款，则应核对支票的有效性。

（2）检查客人填写的入住登记表的内容，了解和确认客人的最终付款方式，以确定信用限额。

8. 完成入住登记有关事项

（1）在以上各项工作完成后，接待员要即刻通知楼层服务台或客房部做好客人入住准备。

（2）认真检查客人在住宿卡上的签名，提示客人寄存贵重物品，填写房卡信息然后交行李员，请其引领客人去房间。

9. 填写和制作有关报表、单据、资料

（1）入住资料，接待员将客人预订资料和住宿登记表第一联交电脑录入员录入电脑，将住宿登记表第一联和预订单分类存放。

（2）客人账单，在账单上打印客人的姓名、抵达日期、结账日期、房号、房间类型及房费，将账单连同住宿登记表（以信用卡结账的连同信用卡签购单）一起交前台收款员保存。

签阅栏	签收人请注意：在此签字时，表示您同意下述两点内容： 1. 本人保证严格按此文件要求执行； 2. 本人有责任在发现问题时，第一时间向本文件审批人提出修改意见。		
相关说明			
编制人员	审核人员		审批人员
编制日期	审核日期		审批日期

二、团队接待服务规范

酒店前厅部服务标准与服务规范文件		文件编号		版本	
标题	团队接待服务规范	发放日期			

1. 目的

为了规范接待处对客服务工作，提高接待人员的服务水平和整体素质，满足客人要求，特制定本规范。

（续）

2. 适用范围

本规范适用于酒店团队客人的接待工作。

3. 接待准备工作

（1）预排房间。有两个以上团队同时抵店时，应先预排级别高的团队，再排用房数多的团队；同一团队的客人尽量集中安排。

（2）一时无房间预排时，可暂时等候，但最迟应在客人抵达前一个小时排出房间，并尽早将该团队领队和陪同人员的房号通知客房部。

（3）接待员应将已排出的房号填在团队预订单上，并将其和电脑打印的该团预订表钉在一起，放入当日团队抵达文件夹里。

（4）接待员应根据房号和计划提前一天整理钥匙，同一团队的钥匙应放入指定地点统一保存，并注明团号、进店日期、离店日期。

4. 迎候客人

（1）当团队抵达时，营销部联络人员应与酒店代表一道向团队领队和成员表示欢迎，引领客人到指定的团队登记地点登记。

（2）接待员应根据该团队预订单与客人核对以下内容：团号、人数、房间数、是否订餐等。

（3）遇特殊情况需要增减房间或加床时，应礼貌征询客人付款方式，并在团队预订单上注明原因，请对方签字，然后电话通知楼层、客房部、前台收银处做好接待及相应变更。

5. 填单、验证、分房

（1）接待员应请客人填写住宿登记表，团队有集体户口或集体签证时，可免去每人填单。

（2）接待员应根据客人的有效证件核对住宿登记表各项，看是否完全相符，未填妥之处应补填好。

（3）根据领队或陪同的意图分配住房，填写房号，将钥匙和房卡交给领队，并在团队预订表上签名。

6. 送客人进房

（1）接待员应及时将团队客人的相关信息通知总机、礼宾、收银等处，以便安排后续工作。

（2）对于现付的团队，应请领队或陪同在收银处交预付款。

（3）接待员应将带有房号的团员名单速交行李员，由其完成行李分送任务。

（4）接待员应向团队领队和其他人表示感谢，并引领客人入房。

7. 处理有关资料

（1）接待员需及时将团队客人的有关信息输入电脑。

（2）建立团队主账单，记录团体消费费用，一般由组团单位或接待单位支付。

（3）建立分账单，记录个人支付的费用。

（续）

签阅栏		签收人请注意：在此签字时，表示您同意下述两点内容： 1. 本人保证严格按此文件要求执行； 2. 本人有责任在发现问题时，第一时间向本文件审批人提出修改意见。			
相关说明					
编制人员		审核人员		审批人员	
编制日期		审核日期		审批日期	

三、VIP 客人接待服务规范

酒店前厅部服务标准与服务规范文件		文件编号		版本	
标题	VIP 客人接待服务规范		发放日期		

1. 目的

为帮助接待人员做好 VIP 客人接待工作，提高接待服务质量，提升 VIP 客人对酒店的满意度，特制定本规范。

2. 了解 VIP 客人的情况

（1）接待员接到预订处的 VIP 客人接待通知单或从每天预订到店客人名单中获知有 VIP 客人后，应尽可能了解 VIP 客人的资料，如姓名、到达时间、职务等。

（2）立即报告大堂副理、前厅部经理，请示酒店是否派管理人员接待 VIP 客人及接待规格等。

3. 准备工作

（1）大堂副理提前一天填写赠品申请单，并将副本分送给客房部及餐厅部。

（2）根据接待规格安排适当的客房，提前准备好房卡、欢迎卡、住宿登记单及客人的有关信件等，通知有关部门按照接待规格做好准备工作。

（3）在 VIP 客人抵达前一个半小时，检查预分的 VIP 客房，检查内容有：卫生清洁及用品摆放情况；赠品是否已按赠品申请单上的要求布置在房间内；VIP 客人办理登记手续所需表单是否已按规定放在房内。

（4）提前半小时根据需要要求服务员在大堂正门口铺设红地毯，控制正门人员的出入，开启侧门给其他客人使用。

（5）提前 15 分钟通知相关人员到大堂门口列队欢迎，并通知保安部注意维持车道畅通及预留车位，安排足够的行李员为客人做好护顶及提取行李的工作。

4. 抵店接待

（1）VIP 客人到达后，行李员上前开车门、护顶，代表酒店迎接的职位最高者上前握手表示欢迎。

（续）

（2）大堂副理携房卡引领 VIP 客人进入预分房间，客房服务员送上欢迎酒水、行李后告别。

（3）大堂副理查看 VIP 客人的有效证件，确保入住登记表打印的内容准确无误，并礼貌地请 VIP 客人在入住登记表上签字。

（4）向 VIP 客人介绍客房及酒店内的设施，并简要与客人确认一下住店期间的行程安排，如用车、订餐、会议、参观等方面的事宜。

（5）留下名片和联络方式并向客人表示随时乐意为其服务。

（6）向客人告别，并预祝客人入住愉快。

（7）根据客人的行程安排，协调相应部门落实各项具体接待工作，保证给 VIP 客人提供最高效、优质的服务。

5. VIP 客人入住期间

（1）根据 VIP 客人的不同等级，大堂副理/营销部经理须每天在合适的时间，给住店的 VIP 客人拨打礼仪性的电话，以示酒店对 VIP 客人的特别关注，但打扰客人的时间不宜过长。通话内容主要包括以下五项。

① 询问客人对房间卫生等方面的满意程度。

② 询问客人对酒店各营业部门服务项目和服务质量的意见。

③ 询问客人是否在住店期间受到员工的特别关注。

④ 询问客人对酒店整体有何意见或建议，以及有何特别要求。

⑤ 询问客人具体的离店时间、是否需要订票或安排车辆等。

（2）所有礼仪性电话均需书面抄送总经理、副总经理一份。

（3）前厅总机房应熟记 VIP 客人的姓名，铃响后接线员应准确称呼。

6. VIP 客人退房

（1）确定 VIP 客人退房时间后，大堂副理必须通知总台收银处提前 30 分钟准备好客人的所有账单。

（2）所有客人入住时的账单都必须由大堂副理亲自审阅，以防出现差错，如有问题应及时解决。

（3）大堂副理通知总经理/副总经理、营销部经理及其他有关部门的经理在大厅欢送客人。

（4）大堂副理应提前通知礼宾员收取 VIP 客人行李的时间。

（5）大堂副理负责安排好 VIP 客人的交通工具。

（6）当客人到达前台收银处时，大堂副理应协助客人办理退房手续。

（7）退房结束，总经理/副总经理、营销部经理、大堂副理等为客人送行并告别，必要时通知有关部门的经理列队欢送。

（续）

签阅栏	签收人请注意：在此签字时，表示您同意下述两点内容： 1. 本人保证严格按此文件要求执行； 2. 本人有责任在发现问题时，第一时间向本文件审批人提出修改意见。		
相关说明			
编制人员		审核人员	审批人员
编制日期		审核日期	审批日期

四、大堂茶饮设施设置规范

酒店前厅部的服务标准与服务规范文件		文件编号		版本	
标题	大堂茶饮设施设置规范	发放日期			

1. 目的

为了规范大堂茶饮区域的风格设定和设施布置，提高酒店的整体形象，同时也是给办理入住与离店手续的客人提供便利，特制定本规范。

2. 大堂茶室风格设定

大堂茶室可根据酒店的整体装修风格来确定，通常大堂茶室风格主要包括中国古典式、中国乡土式、欧式三种风格。各风格的设定要求如下所示。

（1）中国古典式。

① 室内家具均选用明式桌椅，材料为红木、花梨等高等木料，若资金有限也可用仿红木。

② 壁架可以采用空心雕刻或立体浮雕；壁饰以中国书画为主，并辅以插花、盆景等摆设。

（2）中国乡土式。

① 中国乡土式茶室的布置着重在渲染山野之趣，所以室内家具多用木、竹、藤制成，式样简朴而不粗俗，不施漆或只施以清漆。

② 壁上一般不用多余饰物，为衬托气氛，墙上可以挂一些蓑衣、渔具或玉米棒、红干辣椒串、宝葫芦等点缀，让人仿佛置身于山间野外、渔村水乡。

③ 欧式。

欧式茶室的布置是仿国外茶室的装饰，以卡座设置居多，是酒店最普遍采用的一种样式。

3. 茶水房设施设置规范

酒店大堂可专门设置一区域作为茶水房，以便接待等待和办理入住的客户。茶水房主要分隔为里外两间，外间为供应间，里间为煮水间，具体的设置规范如下。

（1）外间为供应间，墙上开一大窗，面对茶室，置放茶叶柜、茶具柜、电子消毒柜、冰箱等。

（续）

（2）里间为煮水间，主要安装煮水器（如电热开水箱、电茶壶）、热水瓶柜、水槽、自来水龙头、净水器、贮水缸、洗涤工作台、晾具架及晾具盘。

4. 品茶室设施设置规范

品茶室需要设置相应的座椅供客人休息和品茶，品茶室在设置摆放座椅时，可视房屋的结构分设散座、厅座、卡座及房座（包厢）等座椅类型，或选设其中一两种，合理布局。各座椅设置的具体规范如下。

（1）散座：在大堂内摆放圆桌或方桌，每张桌子视其大小配 4 ~ 8 把椅子。桌子之间的间距为两张椅子的侧面宽度加上通道 60 厘米的宽度，使客人进出自由，无拥挤不堪的感觉。

（2）厅座：在一间厅内摆放数张桌子，距离同上。厅四壁饰以书画条幅，四角放置鲜花或绿色植物，并赋以厅名。厅室兼顾整个茶室风格的同时，布置出各个厅室的自我风格，并配以相应的饮茶风俗，令人有身临其境之感。

（3）卡座：类似西式的咖啡座。每个卡座设一张小型长方桌，两边各设长形高背椅，以椅背作为座与座之间的间隔，每一卡座可坐四人，两两相对，品茶聊天，墙面以壁灯、壁挂等作为装饰。

（4）房座：用多种材料将较大的大堂隔成一间间较小的房间，房内只设 1 ~ 2 套桌椅，四壁装饰精美，又相对封闭，可供洽谈生意或亲友相聚。一般需预先定座，由专职的服务人员帮助布置和服务，房门可悬挂提示牌，以免他人打扰。

签阅栏		签收人请注意：在此签字时，表示您同意下述两点内容： 1. 本人保证严格按此文件要求执行； 2. 本人有责任在发现问题时，第一时间向本文件审批人提出修改意见。	
相关说明			
编制人员	审核人员		审批人员
编制日期	审核日期		审批日期

五、住宿登记服务规范

酒店前厅部服务标准与服务规范文件		文件编号		版本	
标题	住宿登记服务规范	发放日期			

1. 目的

为了提高接待人员为客人办理住宿登记的工作效率和服务质量，特制定本规范，望相关人员遵照执行。

（续）

2. 有预订客人住宿登记服务规范

（1）热情、诚恳地欢迎并招呼客人，询问客人是否有预订，客人出示证件后，请客人填写登记表。

（2）客人填好后，检查登记表是否已填写清楚，礼貌地协助客人补填遗漏的项目。

（3）对于没有证件或证件可疑的客人，应先问明原因，在安排入住的同时立即报告保安部、值班经理。

（4）礼貌地询问客人付款方式。

（5）登记完成后，将房卡、欢迎卡交行李员，由其带客人进入房间，同时向客人致谢。

3. 无预订客人住宿登记服务规范

（1）热情招呼客人，得知客人无预订时，先查看客人所持证件，询问客人想要预订房间的种类、价格及要求等，并查看预订表确认能否接受入住。

（2）在尊重客人意愿的前提下，礼貌地向客人推销客房。

（3）请客人填写登记表，在客人逐项填写清楚之后，再进行仔细查看。

（4）替客人选择一间合适的房间，为客人办理开房、授权等手续。

（5）把写好的房卡递到客人手上，询问客人是否需要行李提送服务。

（6）感谢客人入住本酒店，并指引客人电梯的方向，告别时应说："××先生/女士，希望您在我们酒店居住愉快，我叫××，如有什么需要帮忙，请通知我，我的分机号为××。"

签 阅 栏		签收人请注意：在此签字时，表示您同意下述两点内容： 1. 本人保证严格按此文件要求执行； 2. 本人有责任在发现问题时，第一时间向本文件审批人提出修改意见。	
相关说明			
编制人员		审核人员	审批人员
编制日期		审核日期	审批日期

六、换房处理服务规范

酒店前厅部服务标准与服务规范文件		文件编号		版本	
标题	换房处理服务规范	发放日期			

1. 当客人提出换房请求时，可以遵照以下规范进行妥善处理。

2. 进行换房确认

（1）当客人提出换房要求时，接待员应问清原因，并报告当班主管或大堂副理。

（续）

（2）当班主管或大堂副理到客人房间查看，确认换房并对客人表示歉意；如果换房是因前台分房不当，更要向客人表示诚挚的歉意。

（3）接待员查看电脑资料，确认是否有房可换。

① 若有同类型客房，则应满足客人换房要求。

② 若无同类型客房，则应向客人推荐其他类型客房，并介绍房间设施和房价。

③ 没有空房可换时，若客人已入住的房间并无设备故障，则应向客人表示歉意，并记下客人要求，告知一旦有空房立即安排调换；若客人已住房间设施有故障，则应立即通知客房部，要求其下维修单，进行紧急抢修。

（4）经当班主管或大堂副理查看、确认、批准，酒店有满足客人换房条件的客房时，应为客人换房。

3. 换房

（1）接待员根据换房情况填写房间、房价变更表，注明日期、客人姓名、新房间号、原因，并交大堂副理签字。

（2）将房卡交给行李员，行李员拿着房卡到客人房间，帮客人办理换房手续，并收回原房间钥匙交还接待员。

（3）若客人不在房间且已得到客人的允许，行李员和大堂副理一起办理换房手续，应把客人的物品按照在原房间的摆放次序放好，确保不要把客人的物品遗留在原房间。

4. 变更资料

（1）接待员将房卡交给行李员后，立即在电脑系统中更改房态和客人住店的记录资料。

（2）换房时，将房间、房价变更表分别送客房部、前厅收银处等。

（3）若房价变更，则将房间、房价变更表一联存档，另两联送前台收银处备案。

签阅栏		签收人请注意：在此签字时，表示您同意下述两点内容： 1. 本人保证严格按此文件要求执行； 2. 本人有责任在发现问题时，第一时间向本文件审批人提出修改 意见。	
相关说明			
编制人员		审核人员		审批人员	
编制日期		审核日期		审批日期	

七、客房叫醒服务规范

酒店前厅部服务标准与服务规范文件		文件编号		版本	
标题	客房叫醒服务规范	发放日期			

1. 话务员在收到客房叫醒服务的客人姓名和房号后,先核实客人的资料是否准确。

2. 向对方重复叫醒时间及房号,以确认记录是否正确。

3. 话务员在话务台上按操作程序输入叫醒时间。

4. 同一房间有两次以上叫醒时间的,应在第一次的时间上注明下一次叫醒时间;某一时间只有一间房需要叫醒的,要把时间同时输入特定分机做提醒。

5. 检查所输入的叫醒时间是否正确。

6. 到叫醒时间时,设备会自动使客房电话响铃,同时电脑会打印出详情,话务员要注意观察所打印出来的信息情况。

7. 若发现没有回答、正忙或者无法接通的房间,要特别注明。

8. 若房间仍没有人应答,话务员应打电话至楼层服务台,请客房服务员去房间察看。

9. 当值话务员应准时叫醒客人。

(1) 如果因未准时叫醒客人而耽误客人行程,酒店要按规定赔偿。

(2) 如果在错误的时间叫醒客人,则会对客人造成骚扰。

10. 叫醒服务完成后,当值话务员要及时予以记录,表示任务已完成。

签阅栏	签收人请注意:在此签字时,表示您同意下述两点内容: 1. 本人保证严格按此文件要求执行; 2. 本人有责任在发现问题时,第一时间向本文件审批人提出修改意见。		
相关说明			
编制人员		审核人员		审批人员	
编制日期		审核日期		审批日期	

八、委托代办服务规范

酒店前厅部服务标准与服务规范文件		文件编号		版本	
标题	委托代办服务规范	发放日期			

1. 为指导委托代办处工作人员更好地完成客人的委托代办服务，特制定本规范。

2. 详细了解客人的代办要求，礼貌地对客人表示一定会尽力办理，并问清客人的姓名及房号。

3. 熟悉酒店服务设施、本市旅游景点、市政交通以及票务信息，为客人提供快捷、方便的服务。

4. 为客人办理的委托代办服务必须是在符合国家法律及酒店规定的基础上进行的。

5. 如遇确实无法办到的事情，要耐心向客人解释，站在客人的立场上帮助客人出主意、想办法，采取补救措施，令客人感到被重视。

6. 办理前须向客人说明办理条件及收费制度，请客人签署《代办委托书》。

7. 未征得客人同意，委托代办员不得随意对代办事项做出调整。

8. 在没有委托代办员同意接受客人委托的情况下，任何人不得代替委托代办员受理或办理委托事项。

9. 重大委托事项须请示前厅部经理后方可办理。

10. 随时向客人报告事项完成情况，若有变化应立即征求客人意见。

11. 完成委托代办工作后，要向客人开具收费单、发票或请客人签单。

签阅栏		签收人请注意：在此签字时，表示您同意下述两点内容： 1. 本人保证严格按此文件要求执行； 2. 本人有责任在发现问题时，第一时间向本文件审批人提出修改意见。
相关说明		
编制人员	审核人员	审批人员
编制日期	审核日期	审批日期

九、客人留言处理服务规范

酒店前厅部服务标准与服务规范文件		文件编号		版本	
标题	客人留言处理服务规范	发放日期			

当接待处接待员接到客人留言时，应遵照下列规范予以妥善处理。

1. 留言确认

（1）若客人离开房间或酒店时需要给来访者或来电者留言，接待员应请客人填写住客留言单，写

（续）

明房号、留言内容和有效时间等，并请客人签名确认。

（2）若客人是打电话留言，则要听清客人的留言内容，准确记录并复述，经客人确认无误后，再填写住客留言单。

2. 传达留言

（1）接待员将面单放入住客留言柜，底单按照散客接待、团体接待或商务楼层入住分类放置，并将客人留言内容输入电脑。

（2）来访者到达或来电者来电后，接待员先核实其身份，再将留言单或内容转告来访者或来电者，同时更改电脑中的留言状态。

3. 留言整理

（1）若过了有效时间来访客人尚未取走留言单，也未接到留言者最近的通知，接待员可以将留言单按作废处理，并删除电脑中的记录。

（2）若客人留言是有关个人去向的，接到客人回房通知后，立即取消客人留言。

签 阅 栏		签收人请注意：在此签字时，表示您同意下述两点内容： 1. 本人保证严格按此文件要求执行； 2. 本人有责任在发现问题时，第一时间向本文件审批人提出修改意见。			
相关说明					
编制人员		审核人员		审批人员	
编制日期		审核日期		审批日期	

十、客人投诉处理服务规范

酒店前厅部服务标准与服务规范文件		文件编号		版本	
标题	客人投诉处理服务规范	发放日期			

当接待处接待员接到客人投诉时，其应遵照下列规范予以妥善处理。

1. 接受投诉

（1）接待员接到客人投诉，应问清客人姓名、房号、要投诉的部门或个人、事项等。

（2）站在关心、理解客人的角度上，平和、礼貌、冷静、耐心、认真地倾听，了解细节和具体情况，并做好记录。

（3）对于客人的投诉，无论对或错，都不要争辩，尤其是在面对火气正大或脾气暴躁的客人时，先不要做解释，而应先向客人表示歉意，并进行安慰。

（4）在投诉过程中，若客人大声吵闹或喧哗，应将投诉者与其他客人分开，以免影响他人。

（续）

2. 处理投诉

（1）接待员立即向责任部门的领导转达客人的投诉，并向大堂副理报告，必要时上报总经理。

（2）大堂副理责成责任部门领导立即解决问题。若情况复杂，可与质检人员、责任部门领导共同做出裁决。

（3）在问题的处理过程中，大堂副理须与责任部门随时保持联系，或根据情况与质检人员亲临责任部门的工作现场，关注问题的处理情况。

3. 回复客人

（1）处理完客人投诉后，大堂副理及时将结果告知客人，并再次表示歉意。

（2）如果客人的投诉确实难以解决，须耐心向客人解释以得到其谅解。

（3）感谢客人提出的意见和建议，并根据具体情况，向客人赠送礼品以表歉意。

（4）大堂副理将事情处理的全部经过记录在工作日报中，向客务总监报告处理结果，必要时上报酒店总经理。

签阅栏		签收人请注意：在此签字时，表示您同意下述两点内容： 1. 本人保证严格按此文件要求执行； 2. 本人有责任在发现问题时，第一时间向本文件审批人提出修改意见。	
相关说明			
编制人员	审核人员		审批人员	
编制日期	审核日期		审批日期	

十一、客人特殊需求服务规范

酒店前厅部服务标准与服务规范文件		文件编号		版本	
标题	客人特殊需求服务规范	发放日期			

当接待处接待人员遇到客人提出特殊需求时，其应遵照下列规范予以妥善处理。

1. 首先向客人表示出乐于服务的态度。

2. 了解客人的姓名、房号，对客人的要求做记录。

3. 即使客人提出的要求难以完成，也要答应帮助客人，不得推托，但要提前告知客人满足其要求可能需要的时间。

4. 如满足客人的特殊需求会产生费用，则要提前征求客人的意见。

5. 随时告知客人事情的进展情况。

（续）

		签收人请注意：在此签字时，表示您同意下述两点内容：
签 阅 栏		1. 本人保证严格按此文件要求执行；
		2. 本人有责任在发现问题时，第一时间向本文件审批人提出修改意见。
相关说明		
编制人员	审核人员		审批人员	
编制日期	审核日期		审批日期	

十二、访客委托留物转交服务规范

酒店前厅部服务标准与服务规范文件		文件编号		版本	
标题	访客委托留物转交服务规范	发放日期			

访客要求转交物品时，委托代办专员须遵照下列规范予以办理。

1. 填写留物登记表

（1）访客要求转交物品时，接待员应在电脑上查找收物人是否是本酒店客人。

（2）确认收物人是酒店客人后，请访客填写"留物登记表"（写明收物人的姓名和房号，转交物品的名称和件数，访客的姓名、地址和联系电话，物品存放的有效期限），并提醒客人不可寄存易燃、易爆、易腐烂物品。

2. 接收转交物品

（1）接待员检查物品与"留物登记表"是否一致。

（2）确认无误后，收下转交物品、妥善存放，并对转交物品的数量、种类进行详细的登记。

3. 转交物品

（1）若收物人是已住店客人，接待员通知总机给客人留言。客人来领取物品时，请其出示有效证件并签收。

（2）若收物人是预订客人，则当其办理入住登记时，接待员告知客人有转交物品，请其出示有效证件并签收。

（3）对于代人取物者，须请其出示收物人的证件或委托书及本人的证件，检查无误后方可将物品转交。

（4）若物品过期无人领取，应立即与访客联系，商量妥善解决的办法。

（续）

签阅栏		签收人请注意：在此签字时，表示您同意下述两点内容： 1. 本人保证严格按此文件要求执行； 2. 本人有责任在发现问题时，第一时间向本文件审批人提出修改意见。	
相关说明			
编制人员		审核人员		审批人员	
编制日期		审核日期		审批日期	

十三、回答客人问题及查询服务规范

酒店前厅部服务标准与服务规范文件		文件编号		版本	
标题	回答客人问题及查询服务规范	发放日期			

话务员在当值期间接到客人问询电话时，应遵照下列规范予以解决。

1. 熟记、背诵平日常用的电话号码及信息，以便在客人打电话询问时能以最快的速度回答。

2. 如果客人需要查找信息，应礼貌地请客人稍等，并以最快的速度查出来告知客人；或记录下客人号码，并在查出后第一时间与客人联系，将信息告知客人。

3. 如果客人要查询住店客人的房间电话，要先与住店客人取得联系，经允许后方可将电话告知查询人或直接转接电话，切忌未经同意直接将电话号码告知他人或转接电话。

4. 如果客人查询的信息不符合法律法规以及酒店规定，应委婉地回绝客人。

签阅栏		签收人请注意：在此签字时，表示您同意下述两点内容： 1. 本人保证严格按此文件要求执行； 2. 本人有责任在发现问题时，第一时间向本文件审批人提出修改意见。	
相关说明			
编制人员		审核人员		审批人员	
编制日期		审核日期		审批日期	

第五节 接待服务常用文书与表单

一、日抵达客人名单

编号：　　　　　　　　　　　　　　　　　　　　　日期：＿＿＿年＿＿＿月＿＿＿日

序号	预订号	客人姓名（团队名称）	房号	预期到店日期	预期到店时间	备注

审核人：　　　　　　　　　　　　　　　　　　　　　制表人：

说明：

1. 核对所有预期第二天抵达的团队和散客的预订情况，将散客按姓氏的第一个英文字母顺序排列，团队则按代号的第一个英文字母顺序排列，并列印"日抵达客人名单"。

2. 列印"日抵达客人名单"时，要按本酒店的规定注明客人的类型，如常客、VIP、贵宾等。

3. "日抵达客人名单"经接待处主管审阅后，复印并分别发给总经理办公室、餐饮部、客房部、财务部以及前厅部礼宾处、委托代办处等。

二、机场接机确认函

编号：　　　　　　　　　　　　　　　　　　　　　日期：＿＿＿年＿＿＿月＿＿＿日

客人姓名（团队名称）	人数	航班号码及名称	备注

接待处：　　　　　　　　　　　　　　　　　　　　　礼宾处：

三、当日到达客人表

序号	日期	客人姓名（团队名称）	房间号	预计离店日期	签单人	备注

四、客人入住登记表

姓名		籍贯		性别		出生年月		联系电话	
证件种类	□ 居民身份证			□ 护照			□ 其他，请注明_____		
证件号码									
来店日期				离店日期					
房价	_____元/天								
预付款	□ 现金（_____元人民币）			□ 信用卡			□ 支票		
备注									
须知	1. 退房时间为中午 12：00，结账时请交回房卡 2. 请访客在晚上 11：00 前离开 3. 贵重物品请交委托代办处保管，行李请交行李房寄存；否则，如有遗失酒店概不负责								
客人签名				入住日期					

五、VIP 客人接待通知单

客人姓名		职务		人数	
抵店时间			离店时间		
房间种类	□ 单人间 □ 总统套间		□ 双人间 □ 标准间		□ 普通套间 □ 豪华套间
接待要求	接待等级	□ VA　　□ VB　　□ VC　　□ VD			
	特别说明				

（续表）

具体接待事项	前厅部	
	餐饮部	
	客房部	
	其他	
付款方式		费用折扣	
接待人		电话	

六、团队接待通知单

团队名称			入住房号	
抵店时间/地点	____月____日____时____分乘_____由_____抵			
离店时间/地点	____月____日____时____分乘_____由_____离			
付款方式	□ 现金　　　　□ 支票　　　　□ 信用卡			
客人数量	男		女	
用房数	标准间		客房布置及要求	
	单人间			
	套间			
自订项目	共____人____间　由____月____日至____月____日			
房费计算	□ 元/间/天　　　　□ 按合同价			
餐饮	餐别	早餐	午餐	晚餐	其他要求或说明
	标准				
	合计人数				
确认事项				
备注				

七、团队住宿登记表

团队名称： 　　　　　　　　　　日期：____年____月____日至____年____月____日

房号	姓名	性别	出生年月日	职业	国籍	护照号码

八、客房续住通知单

客房续住通知单

尊敬的××女士/先生：

　　您的房卡（房号_____）已到期失效，为了方便您在本酒店的住宿和消费，请您于今天13：00前来总接待处，我们将为您更换房卡，办理续住手续。

　　敬请谅解，谢谢合作！

××酒店接待处

____年____月____日

九、总机工作日志

当班人员： 　　　　　　　　　　工作时间：____年____月____日___时___分

	叫醒服务	留言服务	"请勿打扰"服务	开通长途	其他服务
客人姓名（客人数）					
房间号					
共有任务数					
已完成任务数					
服务时间					
备注					

十、话务交接班登记表

接线员姓名			日期		班次	
已完成事项	1. 2. 3.		办理时间		1. 2. 3.	
待办事项	1. 2. 3.		办理时间		1. 2. 3.	
备注						
交班人员			接班人员			

十一、委托代办事项委托书

客人姓名		房间号码		日期	
代办内容					
其他要求					
服务费用		付款方式	□现金　　□挂账　　□信用卡 信用卡种类： 有效期： 信用卡号码：		
客人须知	1. 委托酒店办理具体事项时参照酒店相关规定，超出酒店规定范围的事项恕不受理。 2. 本委托书所委托事项自接受委托之日起____日内有效，超过此期限委托人所委托事项自动失效，如需查询，请自行到酒店委托代办处查询。 3. 本委托书一式两份，是客人委托酒店代办具体事项的唯一凭证。				
客人声明	本人已经明确并接受以上各项委托条件。	客人签名： 日期：___年___月___日		办理人： 日期：___年___月___日	

十二、客人留物登记转交记录表

1. 客人留物登记转交记录表（1）

留物人姓名		房号		联系电话	
取物人姓名		房号		联系电话	
物品名称				数量	
颜色		大小		规格	
物品存放期限		物品存放地点			
取物人需持证件		证件号码			
备注					

留物人签名：

日期：＿＿＿年＿＿＿月＿＿＿日

委托代办员签名：

日期：＿＿＿年＿＿＿月＿＿＿日

2. 客人留物登记转交记录表（2）

物品转交委托书

现委托××酒店前厅部＿＿＿＿＿＿将下列物品转交给＿＿＿＿＿＿号房间的客人＿＿＿＿＿＿。
转交物品描述如下表。

转交物品特征描述表

品牌		颜色	
型号		规格		数量	
备注			

委托人签名：

日期/时间：＿＿＿年＿＿＿月＿＿＿日＿＿＿时＿＿＿分

经手人签名：

日期/时间：＿＿＿年＿＿＿月＿＿＿日＿＿＿时＿＿＿分

第六节　提升服务质量问题解决方案

一、酒店会议接待方案

标　题	酒店会议接待方案		文件编号		版本	
执行部门		监督部门		考证部门		

1. 目的

为了做好酒店会议的接待工作，提高接待人员的服务水平，使客人感到满意，特制定本方案。

2. 会议接待准备

（1）在会议召开前一天，接待员核对营销部预订处下发的会议接待通知单中的信息，如有问题或疑问，应及时联系预订处，以核实相关内容。

（2）通知广告公司制作会议主题条幅/引导牌/欢迎牌等用品。

（3）会议正式举行的前一天，根据客人要求摆放会议台型，并将签到台摆放到位。

（4）开列、打印会议套餐菜单，传真或亲自送客人审阅，客人确认后在菜单上签字。

（5）协助客人布置会场，如需在墙面张贴宣传画或悬挂物品，则应获得酒店总经理的同意。及时制止任何损坏酒店物品和设施设备的行为，对于已造成的损坏要求客人赔偿。

（6）调试话筒、灯光、投影仪、空调等会议所需设备。

（7）必要时，摆放绿色植物和鲜花。

（8）会议前一天，会议经办人按通知单内容再次检查会议准备情况，发现问题及时解决。

3. 接待会议团队

（1）会务组人员到店后，接待员问清其团号、人数、房数，并找出该会议团队的相关资料。

（2）再次与会务组人员核实房间数、人数等信息，并将事先准备好的会议资料交给会务组人员。

（3）请会务组人员填写会议住宿登记表，并检查其有效证件。

（4）因会议房间由会务组统一安排，所以接待员应根据会务组需要的房间数量，及时将房卡交于会务组，并请其在会议用房统计表上签字（会议用房统计表上要注明开房日期、时间、房号、合计房数）。

（5）对于会务组使用的房间，应立即将其状态改为入住状态，并将相关情况及时通知楼层服务员。

（6）根据会务组的要求对房间电话进行开闭，及时通知总机，并对会务组的要求以书面形式确认，请会务组负责人签字认可。

（7）会议接待过程中，临时更改和增加的项目较多，应随时保持同会务组与销售处的联系，保证更改和增加的接待项目顺利进行。

（续）

	4. 会议接待中
	（1）会议接待中，会议经办人要随时掌握会议进程，提前检查、落实下一个会议议程，与对方的会议经办人保持密切联系。
	（2）每个会议议程结束后，都应及时提醒对方的有效签单人确认消费账单，并签字认可。
	（3）通知收银台及时将餐饮消费账单送总台入账。
	（4）会议期间，随时协调各部门解决客人的临时需求，如增减就餐桌数、增减住房数量、代办物品的分发等事项，及时通知相关部门。
	5. 选择会议结账方式
	（1）会议开始前由客人根据会议消费额提前转账到酒店账户，会议结束后进行划账结算。
	（2）参会来宾自行登记付费住宿，总台根据协议按正常的要求办理手续，酒店向客人开具发票。
	6. 会议结束后
	（1）接待员会同财务部和相关部门迅速理清账单。
	（2）收集客人对酒店的意见和建议，并填写相应的表格。
	（3）制作专项会议档案存档备查。
	（4）如有可能，向客户赠送酒店礼品，以表达谢意。
相关说明	

二、特殊电话处理方案

标　题	特殊电话处理方案		文件编号		版本	
执行部门		监督部门		考证部门		

1. 目的

为了指导话务人员快速、妥善地解决各种特殊问题，为客人提供周到服务，特制定本方案。

2. 适用范围

本方案适用于话务员接到骚扰电话和特殊留言等特殊事项的处理。

3. 骚扰电话处理

话务员在接到骚扰电话时，可按照下列办法予以处理。

（1）接到骚扰电话时，不能因存在好奇心而与对方继续交流，要及时挂断电话。

（2）将骚扰电话的号码记在骚扰电话记录本上，以便查询骚扰电话来源。

（3）在夜间收到骚扰电话时，为了不影响客人休息，可将电话及时挂断。

（4）必要时及时联系保安部。

（续）

4. 特殊留言处理方案 （1）为即将抵店的客人留言 　　工作人员必须在留言单上注明客人抵店日期、时间，并将留言单放入"即将入住留言"柜中，当天检查留言卡的员工应定时检查"即将入住留言"柜。 （2）为团队客人留言 　　为团队客人留言时，可先用电话通知各个房间，若电话留言无人接收，应由客房部楼层服务人员将留言送入房间。 （3）客人去向留言 ① 客人留下去向留言时，应问清楚留言的有效时间，过期应及时取消。 ② 客人不能确定有效时间时，应在收到留言24小时以后将所有未确定的留言删除。	
相关说明	

三、电话接听服务提升方案

标　题	电话接听服务提升方案		文件编号		版本	
执行部门		监督部门		考证部门		

1. 目的

为了提高电话接听服务的质量，明确话务员的服务技巧，提升客人的满意度，特制定本方案。

2. 适用范围

本方案适用于日常服务和特殊情况服务。

3. 日常服务提升

（1）声音清晰柔和，保持友善，尽量将微笑和善意融入声音当中，令对方感觉亲切。

（2）对于客人提出的问题要不厌其烦地回答，态度要诚恳，不能因为话务员的态度而影响酒店的声誉。

（3）如果接电话的同时另一部电话响起，要先接通第二通电话并向第一通电话的客人表示歉意，随后请第二通电话客人稍等，技巧性地尽快结束第一通电话，但不可催促客人。

（4）话务员应对酒店的各项活动、设施的具体情况有所了解，应清楚掌握本市及附近的环境、景点、交通、天气状况甚至邻近城市的航班，随时做好接受客人各种咨询的准备。

4. 特殊情况服务提升

（1）遇到不知道的问题，话务员不得对客人说"不知道""你问别人"之类的话，要为客人仔细查询或将电话转至相关部门。

(续)

	（2）如遇打错电话等现象，即使对方态度不礼貌，话务员也要友善地向客人解释清楚，切不可对客人无礼。 （3）如遇火警等意外情况，要立即通知前厅部经理以及其他相关部门，听候指令采取报警等措施。
相关说明	

四、酒店 VIP 客人接待方案

标　　题	酒店 VIP 客人接待方案		文件编号		版本	
执行部门		监督部门		考证部门		

1. 方案规划

酒店下月要接待××集团公司中高层管理人员，该集团是酒店的 VIP 客户。为了更好地接待客人，增强客户的忠诚度，提高酒店形象，特制定本方案，相关人员遵循此方案执行。

2. VIP 客人情况说明

VIP 客人情况说明表

VIP 客人姓名	××集团公司，共48人	身份	该公司中高层管理人员
抵店时间	___年___月___日___时	离店时间	___年___月___日___时
来本店事由	公司年终高层会议，选择在本酒店召开		

3. 接待要求与规格

（1）接待要求

要求本酒店提供住宿、安排会议用房、餐饮、宴会等服务。

（2）接待规格

鉴于该客户为本酒店的重要客户，各部门应认真对待本次接待工作，保证使客人满意，以维持双方的长期合作关系。根据酒店《VIP 客人接待服务规范》与客人的要求，特设置如下接待规格。

① 迎送服务规格。由前厅部经理代表酒店迎送该 VIP 客人，大堂副理协助进行。

② 会议室安排。会议安排在酒店8层3号会议室，由会务服务人员负责会议室的布置工作。

③ 餐饮服务规格如下。

a. 餐厅领班需预先了解清楚该 VIP 客人成员的身份、餐标、餐式、用餐时间及其他注意事项。

b. 餐饮部中餐经理根据客人要求为每餐开菜单，并安排其在宴会餐厅用餐。

c. 开餐中，由餐厅领班为客人提供服务。

d. 每餐提供进口酒类、国产酒类、饮料各三种，以备选。

（续）

4. 客房布置规格

本酒店应按照如下规格布置VIP客房，具体规格详见下表。

VIP客房布置规格一览表

品名	规格	数量	摆放位置	备注
鲜花	瓶插鲜花	两瓶，每瓶9支	写字台与卫生间的台面上	
晚间鲜花	玫瑰	1支	床头	由酒店花房提供时令品种
果盘	香蕉、苹果、火龙果、赣南脐橙、雪梨	每种各1个制作一盘	圆茶几上	
晚间小食	巧克力、甜点	各1盒	床头	酒店定制
欢迎卡	酒店贵宾欢迎卡	1张	圆茶几上	酒店定制，并由酒店总经理签名

5. 接待日程安排

（1）____月____日____时由营销部组织召开接待协调会议，前厅部、餐饮部、客房部、保安部等部门经理参加，发放《VIP客人接待方案》，明确各部门接待任务。

（2）____月____日—____月____日，各部门做好接待准备工作。

（3）____月____日下午，客人抵店前两个小时，由各部门经理检查本部门的接待准备工作，发现问题及时督促相应岗位人员改进。

（4）客人抵店：前厅部经理、大堂副理应于大堂迎候，全程陪同客人办理相应的入住手续。

（5）客人抵店当日，晚餐服务在中餐厅进行，中餐厅领班为接待的主要负责人。

（6）会中服务：各部门协调配合，为客人提供优质的服务。

（7）____月____日中午，客人离店，前厅部经理、销售部经理、大堂副理等欢送客人。

6. 其他事项说明

（略）

相关说明	

五、代收快递转交处理方案

标　　题	代收快递转交处理方案		文件编号		版本	
执行部门		监督部门			考证部门	

　　1. 为了保证代收的快递能够安全、准确地转交到客人手中，使客人对本酒店的服务满意，从而提升酒店的整体形象，特制定本方案。

　　2. 前厅部接待员负责酒店所有外来的快递的接受和转交工作。

　　3. 接待员接到外来快递后，应该第一时间确认快递的接收人是否为本酒店客人，如不能确认请联系大堂副理。对于非本酒店客人或已离店的酒店客人除非接到特殊交代，否则原则上一律拒收。

　　4. 在确认快递为本酒店客人后，接待员应尽快通知接收人其快递已到店，是否同意接待员代为接收，在确认得到接收人的同意后才可以接收。

　　5. 接待员代收邮递员递交的快递时，接待员和邮递员需要进行交接。接待员和邮递员需互相填写登记表，并详细记录快递的数量、名称并签字确认。

　　6. 快递代收后，接待员应通知接收人尽快来签字领取，如果酒店贵宾需及时送抵。

　　7. 接待员对于当天接收到的快递应做到尽可能的当天转交，尽量不要把快递保存在本部门。对于不能够当天转交的快递应该做好登记，统一管理，防止快递的损坏和丢失。

　　8. 接待员应按照快递代收转交表格认真填写每一个收到的快递的详细情况，包括快递转交情况，并且做到班班交接。对于交接后发生的快递损坏和丢失情况由接班员工自己承担。

　　9. 接待员绝对不允许私自拆看他人快递，对于在快递接收转发过程中不清楚该怎么做时要咨询大堂副理，请不要擅做主张，如不按规定办事，后果自负。

相关说明	

六、接待常见问题处理方案

标　　题	接待常见问题处理方案		文件编号		版本	
执行部门		监督部门			考证部门	

　　1. 目的

　　为提高酒店前厅部对客服务质量，避免与客人发生争端，巧妙处理接待问题，特制定本方案。

　　2. 接待问题处理原则

　　（1）预防为主，及时解决。

　　（2）以使客人满意为标准。

　　3. 无房间出租问题的处理

　　（1）建议客人暂时使用能给予最大折扣价的套间或房间加床，然后再换房等。

（续）

（2）积极联系附近相同档次的酒店。

4. 重复售房问题的处理

发现客房重复售出要立即向客人致歉，在客人同意的情况下，找一间相同类型的客房给客人。

5. 客人不满预付款情况的处理

（1）客人对交纳预付款不满时，前厅接待员在耐心解释信用政策的同时，也要灵活机动地处理，对回头客及信用良好的客人可适当放宽政策。

（2）对随身钱款不足但住店天数较多的客人，可以建议客人根据付款能力暂定住店天数，不要轻易回绝客人。

6. 承诺代付情况的处理

对于承诺为其他房间客人代付款项的客人，应请其填写"承诺付款书"，并办理与其要求相符的信用程序。

7. 预订失约的处理

（1）如果客人由于航班延误、交通、身体患病等客观因素或不可抗拒的原因而延迟入住，前厅预订员应根据排房、预留房及待租房的具体情况进行处理。

（2）由于酒店自身原因未能满足已办理预订的客人要求，前厅接待员应先向客人致歉，然后安排客人在大堂或咖啡厅休息，并为客人安排不低于预订客房价格的房间入住，按照预订价格收取入住费用。

8. 特殊要求的处理

前厅接待员对于客人在入住时提出的"不接听电话""不接待来访客人""房号保密"等特殊要求，应做特殊标记，并通知总机、客房部、保安部等相关部门和岗位严格执行。

9. 遇到不良记录客人的处理

（1）对于信用程度较低的客人，应通过确立信用关系、仔细核验、收取预付款等方式，确保酒店利益不受损害，并及时汇报。

（2）对于曾有劣迹、受公安部通缉或可能对酒店造成危害的客人，应以"房间已全部预订"等委婉的说法为由，拒绝其入住。必要时，应通知保安部，并尽快报警。

（3）若在客人入住后，酒店才发现其为通缉人员，这时要及时通知保安部，并尽快报警。

10. 客人等候过久抱怨的处理

（1）预订客人抵店前，前厅接待员应熟悉订房资料，检查各项准备工作。

（2）前厅部应合理安排人手，客流高峰到来时，保证有足够的接待人员。

（3）接待员在繁忙时刻应保持镇静，不要在同一时间做好几件事。

（4）对于等候过久的客人，接待员应保持微笑，并对其表示歉意。

（5）大堂副理应及时为等候过久而产生抱怨的客人送上水果、饮料等。

11. 客人暂不能进房的处理

（1）由于客房打扫等原因而不能即时安排客人入住的，前厅接待员应为客人提供座位，让其暂在大堂等候，并为其送上水果、饮料、杂志等。

（续）

（2）前厅接待员应与客房部联系，请他们增派人员加快打扫。 12. 其他情况的处理 （1）在客房紧张的情况下客人要求延期退房 　　无论在任何情况下都不能赶走已住店的客人，宁可让新预订客人等候空房或建议其选择别的酒店。但是，可以用商量的语气征询要求延期退房客人的意见，如果客人不愿意立即退房，则应尽快通知预订处，让其与新来的客人沟通。 （2）住店客人有来访者 　　先与客人联系，征求客人的意见，再将客人的相关信息告知来访者。 （3）客人退房时带走客房内的物品 　　若查房时发现房间内的物品丢失，切忌直接向客人索要，应礼貌询问客人是否看到过房内的物品，或请客人协助查找。	
相关说明	

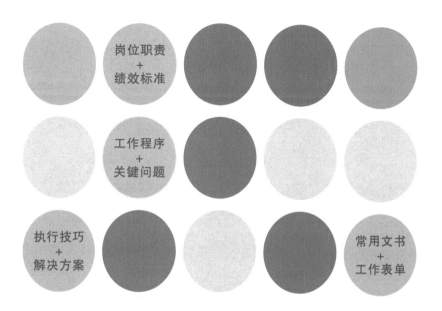

岗位职责
+
绩效标准

工作程序
+
关键问题

执行技巧
+
解决方案

常用文书
+
工作表单

第四章

礼宾服务精细化管理

第一节　礼宾服务岗位描述

一、礼宾服务岗位设置

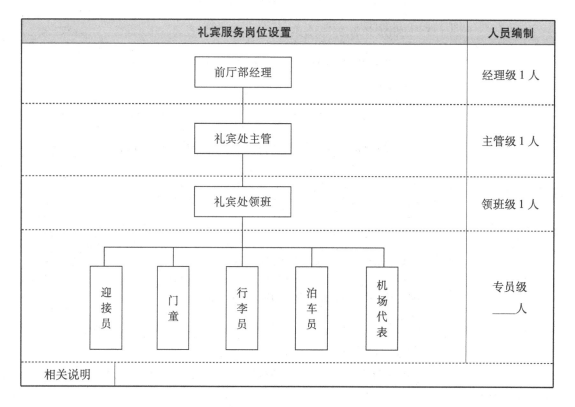

礼宾服务岗位设置	人员编制
前厅部经理	经理级 1 人
礼宾处主管	主管级 1 人
礼宾处领班	领班级 1 人
迎接员　门童　行李员　泊车员　机场代表	专员级 ___人
相关说明	

二、礼宾处主管岗位职责

岗位名称	礼宾处主管	所属部门	前厅部	编　号	
直属上级	前厅部经理	直属下级	礼宾处领班	晋升方向	
所处管理位置					

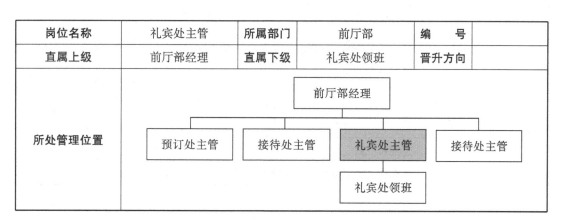

121

（续）

职责概述	负责前厅礼宾区域的合理调度和管理，监督、管理员工的工作，保证礼宾处运作正常，为客人提供优质的欢迎与送别服务	
职责	**职责细分**	**职责类别**
1. 负责特殊客人的礼宾服务	（1）在酒店接待酒店贵宾等特殊客人时，亲自指挥门前礼宾服务工作，保证客人的安全，提高客人的满意度	特殊工作
	（2）处理来自酒店内外的各类与本身业务有关的投诉	特殊工作
2. 组织做好行李服务	（1）在掌握酒店客房出租情况的基础上，安排并督导行李员做好行李服务	日常性
	（2）指导、监督和协助办理客人行李、物品的寄存及转交手续	日常性
	（3）做好行李库房的管理工作，定期与相关部门检查行李库房内的行李和物品，并对过期行李予以处理	日常性
3. 组织做好接送机服务	（1）监督并指导办理客人的接送机手续	日常性
	（2）安排并督导机场代表为客人提供接送机服务	日常性
	（3）协助酒店的车队为客人办理订车手续	日常性
4. 礼宾处管理	（1）制定和完善礼宾处的工作程序、服务标准与规范，并监督其贯彻执行	周期性
	（2）主持每天交接班例会，及时传达酒店的最新信息，检查礼宾工作人员的仪容仪表、行为规范及出勤情况，确保员工行为符合酒店标准	日常性
	（3）安排下属员工的工作班次，向领班布置每日的具体工作任务	日常性
	（4）每日检查交接班日志、行李寄存登记表及转交物品登记表	日常性
	（5）管理礼宾处的劳动服务工具及各种业务报表，编制各类有关统计报告，并按时提交给相关人员	周期性
5. 礼宾员工管理	（1）制订礼宾处的培训计划，并督导实施培训工作，以提高员工的对客服务意识及员工素质	日常性
	（2）定期对下属员工进行员工业务知识测试及绩效评估，根据酒店的相关制度提请人力资源部予以奖惩	周期性

三、礼宾处领班岗位职责

岗位名称	礼宾处领班	所属部门	前厅部	编　号	
直属上级	礼宾处主管	直属下级	行李员、门童、机场代表	晋升方向	

所处管理位置	
职责概述	带领行李员、门童以及机场代表为客人提供行李运送、寄存及接送客人等礼宾服务，协助礼宾处主管管理好礼宾处，确保礼宾处正常运转

职责	职责细分	职责类别
1. 提供礼宾服务	（1）负责向住店团队、会议主办方和贵宾提供相应的礼宾服务	日常性
	（2）认真解答客人的询问，为客人解决问题	日常性
2. 带领员工做好行李的搬运、寄存及迎送客人等工作	（1）督导并协助行李员做好客人行李的搬运、寄存等工作	日常性
	（2）监督并协助行李员处理转交物品、分发客人留言等相关工作	日常性
	（3）督导、协助机场代表为客人办理接送机等手续	日常性
	（4）督导、协助门童做好客人的迎送及代叫车等服务	日常性
	（5）与保安部人员互相配合，督促门童及时疏导门前的车辆，确保门前交通畅通	日常性
3. 协助主管管理礼宾工作	（1）协助主管检查礼宾处日常工作的开展情况，并负责处理本班组工作中出现的差错和责任事故	日常性
	（2）检查客人行李接送记录和本班组使用工具的完好情况	日常性
	（3）检查下属员工的工作状况以及各项服务的质量，保障客人行李安全和提供优质服务	日常性
	（4）征询客人意见，将收集的信息记录及时处理并反馈给相关部门和人员	日常性

（续）

职责	职责细分	职责类别
4. 班组员工管理	（1）对新员工进行店规、纪律教育和现场礼貌礼仪培训	日常性
	（2）安排行李员、门童以及机场代表的工作班次，布置任务	周期性
	（3）培训、考核、评估员工的工作，落实优质服务，提高工作效率	周期性

四、礼宾处门童岗位职责

岗位名称	门童	所属部门	前厅部	编　号	
直属上级	礼宾处领班	直属下级		晋升方向	

所处管理位置	

礼宾处主管
↓
礼宾处领班
↓
行李员　　门童　　机场代表

职责概述	负责迎送前来酒店的客人，协助保安人员维持酒店正门前的秩序	
职责	**职责细分**	**职责类别**
1. 门前服务	（1）负责迎接和欢送抵店、离店的客人，及时、恰当地提供开门、拉门、代叫出租车及拉车门服务	日常性
	（2）协助收集、装卸团队行李和搬运散客行李，并请领队和司机确认交接	日常性
	（3）帮助老、弱、病、残客人上下车以及进出酒店	日常性
	（4）为客人办理雨具存放服务，并根据客人的需要，提供客用雨伞、手摇轮椅车等物品的租借服务	日常性
2. 协助维持秩序	（1）协助前厅保安人员维持门前秩序	日常性
	（2）注意观察进出酒店的客人，发现可疑情况立即报告，劝阻衣冠不整者进入大堂，并采取有效措施	日常性

五、礼宾处行李员岗位职责

岗位名称	行李员	所属部门	前厅部	编　号	
直属上级	礼宾处领班	直属下级		晋升方向	

所处管理位置	
职责概述	为客人提供迅速、准确的行李运送与分发服务，处理好其他部门交来的事务，解答客人的问题

职责	职责细分	职责类别
1. 行李服务	（1）为散客提供行李运送服务	日常性
	（2）收集、装卸团队行李，并请领队和司机确认交接	日常性
	（3）为客人提拿行李，并护送其前往预订的客房	日常性
	（4）为客人办理行李寄存手续	日常性
	（5）为客人提供行李保管、收送等相关服务	日常性
2. 做好其他服务工作	（1）做好其他部门交来的分发留言、转送物品等工作	日常性
	（2）协助接待处领班处做好客人信件、报纸、传真、包裹等物品的派发工作，并根据客人的要求派发至相应的地点	日常性
	（3）解答客人提出的问题，主动帮助客人解决困难	日常性

六、礼宾处机场代表岗位职责

岗位名称	机场代表	所属部门	前厅部	编　号	
直属上级	礼宾处领班	直属下级		晋升方向	

所处管理位置	

（续）

职责概述	负责在机场接待住店客人，向客人提供酒店信息，并提供周到的服务	
职责	**职责细分**	**职责类别**
1. 做好机场接待准备工作	（1）在接送客人前需查看"接送客人情况预测表"，掌握每位客人的特殊要求，做好充足的接待准备	日常性
	（2）与车队司机协调配合好，及时与预订处、接待处以及机场联系，获取航班抵离情况信息，避免误接或漏接现象的发生	日常性
2. 接待服务	（1）准时接送酒店的住店客人	日常性
	（2）回答客人询问，根据接待工作的原则，灵活处理客人提出的各种服务要求，提供酒店及旅游等方面的信息	日常性
	（3）协助行李员为客人提供行李服务	日常性
3. 收集意见及交接工作	（1）收集客人的意见和建议，及时反馈，对当天情况做好记录	日常性
	（2）做好与下一班次的交接工作	日常性

第二节　礼宾服务岗位绩效考核量表

一、礼宾处主管绩效考核量表

序号	考核内容	考核指标及目标值	考核实施	
			考核人	考核结果
1	亲自做好酒店贵宾的礼宾服务工作	客人满意度评分平均达____分		
2	督导行李员做好行李运送、存放保管与分发工作	行李运送、保管各环节出错率为0		
3	组织安排机场代表做好客人接送机服务	接送机手续齐全，客人满意度评分平均达____分		
4	编制并按时上交各类报表	报表更新及时，出错率为0		
5	培训、考核员工	员工考核达标率达____%		

二、礼宾处领班绩效考核量表

序号	考核内容	考核指标及目标值	考核实施	
			考 核 人	考核结果
1	负责做好团队、会议主办方和贵宾的礼宾服务	客人满意度评分平均达____分		
2	协助员工做好行李的运送、寄存及接送客人等礼宾工作	员工工作出错率控制在____%以下		
3	征询客人的意见和建议，及时记录与反馈	客人有效建议征求数量达____条/月		
4	处理差错和责任事故	年差错率不超过____%，各项礼宾工作无重大责任事故		
5	合理安排员工班次与休息，按时编制员工排班表	安排工作合理，员工排班表提交延误率控制在____%以内		

三、礼宾处门童绩效考核量表

序号	考核内容	考核指标及目标值	考核实施	
			考 核 人	考核结果
1	热情迎送客人	客人满意度评分平均达____分		
2	维持门前秩序，报告可疑情况	门前事故发生率控制在____%以下，可疑情况报告及时率达____%		
3	向客人提供雨具存放、租借等相关服务	客人对雨具存放、租借服务的投诉率控制在____%以下		

四、礼宾处行李员绩效考核量表

序号	考核内容	考核指标及目标值	考核实施	
			考 核 人	考核结果
1	为客人运送行李	运送行李迅速准确，出错率为0		
2	为客人办理行李寄存手续	办理手续准确率为100%		
3	为客人保管行李	行李完好率为100%		
4	做好信件派发等工作	客人满意度评分平均达____分		

第三节 礼宾工作程序与关键问题

一、酒店迎宾服务程序与关键问题

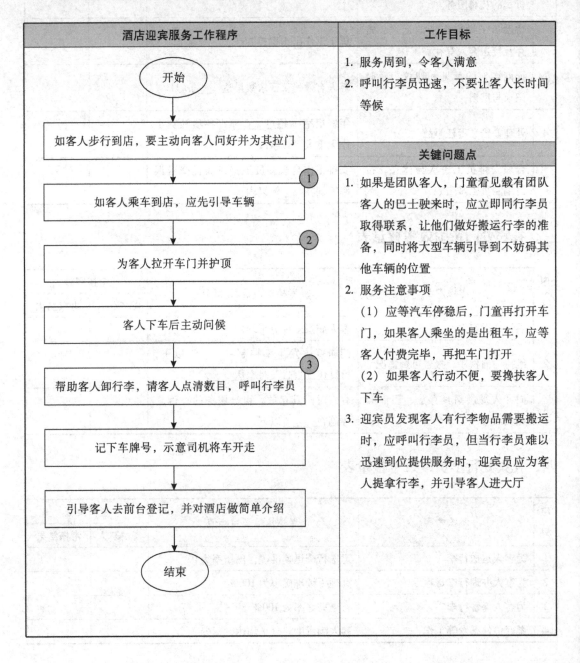

酒店迎宾服务工作程序	工作目标
开始	1. 服务周到，令客人满意 2. 呼叫行李员迅速，不要让客人长时间等候
如客人步行到店，要主动向客人问好并为其拉门	**关键问题点**
① 如客人乘车到店，应先引导车辆	1. 如果是团队客人，门童看见载有团队客人的巴士驶来时，应立即同行李员取得联系，让他们做好搬运行李的准备，同时将大型车辆引导到不妨碍其他车辆的位置
② 为客人拉开车门并护顶	2. 服务注意事项 （1）应等汽车停稳后，门童再打开车门，如果客人乘坐的是出租车，应等客人付费完毕，再把车门打开
客人下车后主动问候	（2）如果客人行动不便，要搀扶客人下车
③ 帮助客人卸行李，请客人点清数目，呼叫行李员	3. 迎宾员发现客人有行李物品需要搬运时，应呼叫行李员，但当行李员难以迅速到位提供服务时，迎宾员应为客人提拿行李，并引导客人进大厅
记下车牌号，示意司机将车开走	
引导客人去前台登记，并对酒店做简单介绍	
结束	

二、散客入店行李服务程序与关键问题

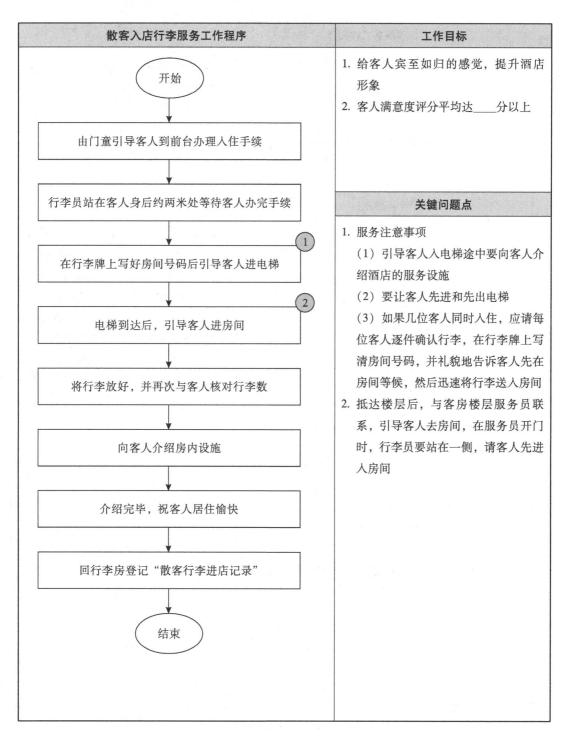

散客入店行李服务工作程序	工作目标

工作目标

1. 给客人宾至如归的感觉，提升酒店形象
2. 客人满意度评分平均达____分以上

关键问题点

1. 服务注意事项
   （1）引导客人入电梯途中要向客人介绍酒店的服务设施
   （2）要让客人先进和先出电梯
   （3）如果几位客人同时入住，应请每位客人逐件确认行李，在行李牌上写清房间号码，并礼貌地告诉客人先在房间等候，然后迅速将行李送入房间
2. 抵达楼层后，与客房楼层服务员联系，引导客人去房间，在服务员开门时，行李员要站在一侧，请客人先进入房间

流程：
开始 → 由门童引导客人到前台办理入住手续 → 行李员站在客人身后约两米处等待客人办完手续 → 在行李牌上写好房间号码后引导客人进电梯 ① → 电梯到达后，引导客人进房间 ② → 将行李放好，并再次与客人核对行李数 → 向客人介绍房内设施 → 介绍完毕，祝客人居住愉快 → 回行李房登记"散客行李进店记录" → 结束

三、散客离店行李服务程序与关键问题

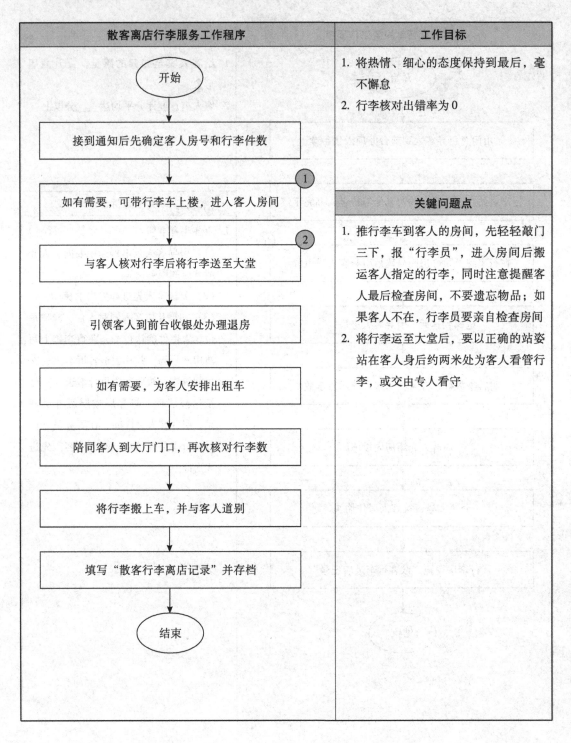

散客离店行李服务工作程序	工作目标
开始	1. 将热情、细心的态度保持到最后，毫不懈怠
接到通知后先确定客人房号和行李件数	2. 行李核对出错率为0
① 如有需要，可带行李车上楼，进入客人房间	**关键问题点**
② 与客人核对行李后将行李送至大堂	1. 推行李车到客人的房间，先轻轻敲门三下，报"行李员"，进入房间后搬运客人指定的行李，同时注意提醒客人最后检查房间，不要遗忘物品；如果客人不在，行李员要亲自检查房间
引领客人到前台收银处办理退房	2. 将行李运至大堂后，要以正确的站姿站在客人身后约两米处为客人看管行李，或交由专人看守
如有需要，为客人安排出租车	
陪同客人到大厅门口，再次核对行李数	
将行李搬上车，并与客人道别	
填写"散客行李离店记录"并存档	
结束	

四、团队入店行李服务程序与关键问题

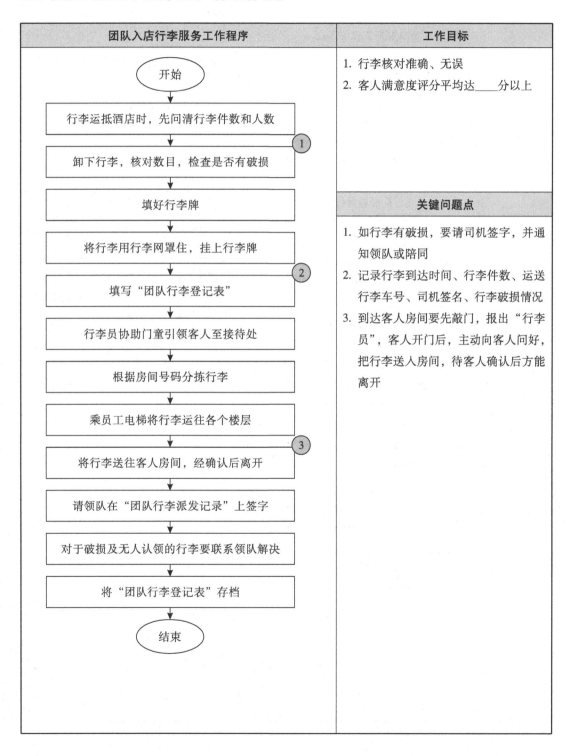

团队入店行李服务工作程序	工作目标

工作目标

1. 行李核对准确、无误
2. 客人满意度评分平均达＿＿＿分以上

关键问题点

1. 如行李有破损，要请司机签字，并通知领队或陪同
2. 记录行李到达时间、行李件数、运送行李车号、司机签名、行李破损情况
3. 到达客人房间要先敲门，报出"行李员"，客人开门后，主动向客人问好，把行李送入房间，待客人确认后方能离开

流程图（团队入店行李服务工作程序）：

开始

↓

行李运抵酒店时，先问清行李件数和人数 ①

↓

卸下行李，核对数目，检查是否有破损

↓

填好行李牌

↓

将行李用行李网罩住，挂上行李牌 ②

↓

填写"团队行李登记表"

↓

行李员协助门童引领客人至接待处

↓

根据房间号码分拣行李

↓

乘员工电梯将行李运往各个楼层 ③

↓

将行李送往客人房间，经确认后离开

↓

请领队在"团队行李派发记录"上签字

↓

对于破损及无人认领的行李要联系领队解决

↓

将"团队行李登记表"存档

↓

结束

五、团队离店行李服务程序与关键问题

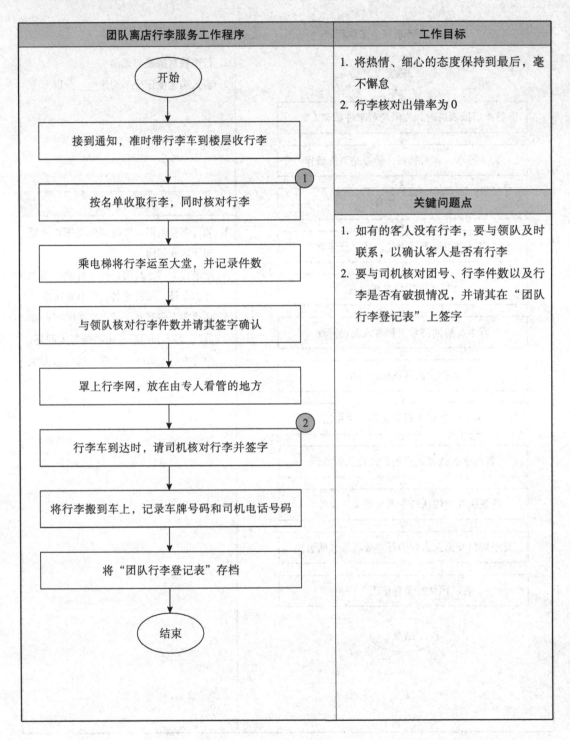

团队离店行李服务工作程序	工作目标

工作目标

1. 将热情、细心的态度保持到最后，毫不懈怠
2. 行李核对出错率为0

关键问题点

1. 如有的客人没有行李，要与领队及时联系，以确认客人是否有行李
2. 要与司机核对团号、行李件数以及行李是否有破损情况，并请其在"团队行李登记表"上签字

流程：

开始
↓
接到通知，准时带行李车到楼层收行李
↓ ①
按名单收取行李，同时核对行李
↓
乘电梯将行李运至大堂，并记录件数
↓
与领队核对行李件数并请其签字确认
↓
罩上行李网，放在由专人看管的地方
↓ ②
行李车到达时，请司机核对行李并签字
↓
将行李搬到车上，记录车牌号码和司机电话号码
↓
将"团队行李登记表"存档
↓
结束

六、客人行李寄存服务程序与关键问题

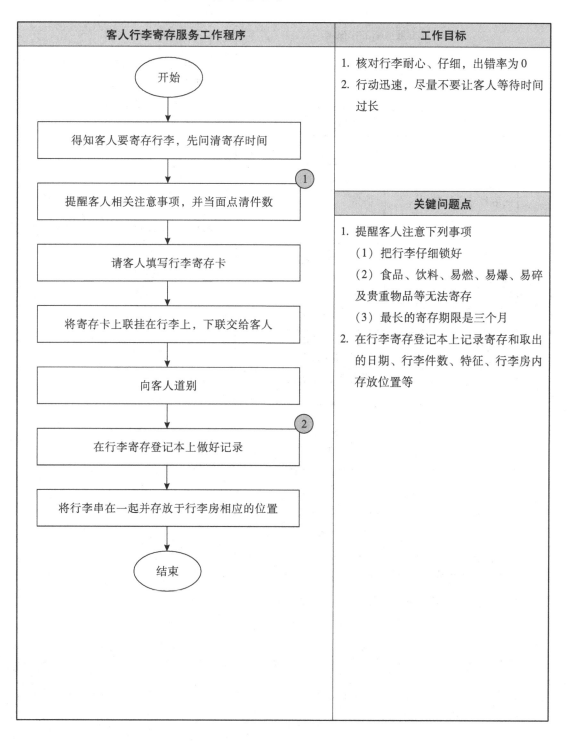

客人行李寄存服务工作程序	工作目标
开始	1. 核对行李耐心、仔细，出错率为 0
得知客人要寄存行李，先问清寄存时间	2. 行动迅速，尽量不要让客人等待时间过长

关键问题点

1. 提醒客人注意下列事项
   （1）把行李仔细锁好
   （2）食品、饮料、易燃、易爆、易碎及贵重物品等无法寄存
   （3）最长的寄存期限是三个月
2. 在行李寄存登记本上记录寄存和取出的日期、行李件数、特征、行李房内存放位置等

流程步骤：
- 提醒客人相关注意事项，并当面点清件数 ①
- 请客人填写行李寄存卡
- 将寄存卡上联挂在行李上，下联交给客人
- 向客人道别
- 在行李寄存登记本上做好记录 ②
- 将行李串在一起并存放于行李房相应的位置
- 结束

七、寄存行李发放服务程序与关键问题

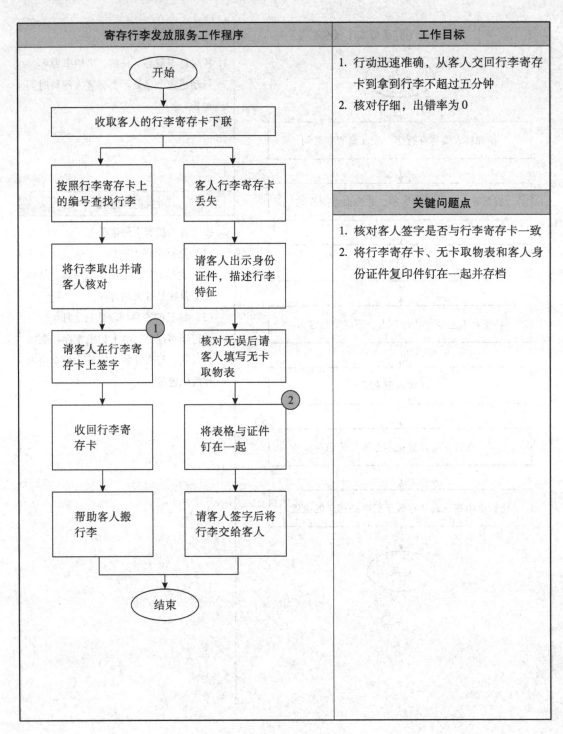

寄存行李发放服务工作程序	工作目标

寄存行李发放服务工作程序

开始

收取客人的行李寄存卡下联

按照行李寄存卡上的编号查找行李 / 客人行李寄存卡丢失

将行李取出并请客人核对 / 请客人出示身份证件，描述行李特征

① 请客人在行李寄存卡上签字 / 核对无误后请客人填写无卡取物表

收回行李寄存卡 / ② 将表格与证件钉在一起

帮助客人搬行李 / 请客人签字后将行李交给客人

结束

工作目标

1. 行动迅速准确，从客人交回行李寄存卡到拿到行李不超过五分钟
2. 核对仔细，出错率为 0

关键问题点

1. 核对客人签字是否与行李寄存卡一致
2. 将行李寄存卡、无卡取物表和客人身份证件复印件钉在一起并存档

第四节　礼宾服务标准与服务规范

一、迎宾服务规范

酒店前厅部服务标准与服务规范文件		文件编号		版本	
标题	迎宾服务规范	发放日期			

1. 目的

为规范门童的迎宾服务行为，提升酒店在往来客人心目中的形象，特制定本规范。

2. 工作要求

（1）门童须时刻保持精力充沛，以彬彬有礼的风度为客人提供热情周到的服务，在酒店正门的指定位置做好客人的迎来送往工作。

（2）坚持微笑服务，使用敬语，向每一位进店和离店的客人致意问候。

（3）为客人开车门时要面带微笑，动作要熟练、轻松。遇雨天要为上下车的客人撑伞，并派伞套给客人；对于儿童、年老体弱和行动不便的客人要主动搀扶他们上下车。

（4）要时常留意门前的情况，对陌生人和形迹可疑的人要主动上前询问其是否需要帮助，这样既能起到监督的作用，又能体现出酒店服务的周到。

3. 接车管理

（1）车到酒店正门口时，门童应及时走上去举手示意，待车停稳后，上前打开车门。

（2）为了方便客人下车，应尽量大幅度地打开车门并保持该状态，直至客人从车中走出。

（3）对携带小孩的客人或女性客人，应加倍留心，协助其安全上下车。

4. 帮助客人卸行李

（1）迎出客人后，要向客人问候，并立刻叫行李员帮助客人搬运行李。

（2）如果客人行李及随身物品较多，应协助客人从车中把行李卸下来，并请客人清点行李及物品的数目。

（3）等客人确认完行李件数后，应迅速扫视车内，确定没有物品遗忘于车上，然后轻轻关闭车门并示意司机将车开走。

5. 询问客人需求

（1）门童将客人领入大厅后，迎宾人员应立刻迎上向客人问好。

（2）迎宾人员应及时询问客人需求，确定客人是参加宴会、会议，还是用餐或入住。

6. 为客人提供向导

（1）如果客人是入住，应及时引领客人到接待处登记。

（2）如果客人是为参加宴会、会议等而来酒店时，应快速记住来客姓名及所乘车辆车牌号，尤其

（续）

留意泊车及叫车事项，确保不出差错。明确客人来意后，应引领客人至宴会或会议场所，并亲切向其道别。

7. 送别客人

（1）客人离开酒店时，应主动上前打招呼，为客人拉开大门并为客人叫车。

（2）当客人行李物品较多时，应协助其将行李装上车，请客人确认放入汽车行李箱内的行李件数。

（3）在客人进入车内关门之前，应检查客人的外套等衣物是否露在车体外，如有问题则应提醒客人整理好，确认没有问题后再关门。

（4）如果是外宾，应事先问好客人的目的地，然后告知司机，以免因司机不懂客人语言而出差错。

（5）在送别客人时，要向后撤离车体两步，然后致注目礼，恭送客人离开。

签阅栏		签收人请注意：在此签字时，表示您同意下述两点内容： 1. 本人保证严格按此文件要求执行； 2. 本人有责任在发现问题时，第一时间向本文件审批人提出修改意见。	
相关说明			
编制人员		审核人员	审批人员
编制日期		审核日期	审批日期

二、雨伞租借服务规范

酒店前厅部服务标准与服务规范文件		文件编号		版本	
标题	雨伞租借服务规范	发放日期			

1. 礼宾处必须存有足够的雨伞，干净整齐地放在指定的地方。

2. 遇雨雪天时，礼宾处将为住店客人提供免费的雨伞租借服务。

3. 雨雪天时将雨伞架、伞袋架放在酒店正门旁，将"雨伞出借记录"和雨伞牌准备好，并第一时间通知管家部铺设吸水棉垫。

4. 当客人借雨伞时，行李员需要询问客人的房号并请客人出示房间钥匙。将房号、日期、出借日期、出借时间、出借数量、归还日期、归还时间登记在"雨伞出借记录"上，行李员及客人要在"雨伞出借记录"上签字，提醒客人一旦丢失须予以赔偿，酒店雨伞每把赔偿金额为____元。

5. 在把雨伞借给客人前，将雨伞打开，请客人检查雨伞状态是否良好，提示客人用完后归还，并在酒店电脑系统中注明客人借物，以提醒前台收银员在客人结账时询问客人。

6. 客人归还雨伞后，立刻在"雨伞出借记录"上登记。

（续）

7. 天气转晴后，若客人未退房且未归还酒店雨伞，当班的行李员应及时通知前台协助跟进并致电客人，询问是否继续租用雨伞。 8. 如雨伞丢失或损坏，应告知客人有关赔偿费用，请客人填写杂项单。杂项单的使用部门一联需交礼宾处主管存档，以在雨伞补充时作为证明。 9. 正常情况下，客人拿雨伞进酒店时，行李员应主动将客人的雨伞套上伞袋或放入雨伞架中。 10. 将雨伞存放在礼宾处行李房伞柜内，随用随取，每班交接班时，需清点数目，如发生内部丢失，将按酒店规定，由当事人按 50 元/把予以赔偿。		
签 阅 栏		签收人请注意：在此签字时，表示您同意下述两点内容： 1. 本人保证严格按此文件要求执行； 2. 本人有责任在发现问题时，第一时间向本文件审批人提出修改意见。
相关说明		
编制人员	审核人员	审批人员
编制日期	审核日期	审批日期

三、机场送机服务规范

酒店前厅部服务标准与服务规范文件		文件编号		版本	
标题	机场送机服务规范	发放日期			

1. 目的

为了规范迎宾处机场代表的送机服务行为，明确送机信息、准备工作以及送机等标准，特制定本规范。

2. 确认送机信息

（1）客人要求提供送机服务时，机场代表将客人提供的信息与电脑中的信息进行核对，确认其为住店客人。

（2）向客人确认送机须知的其他信息：人数、姓名、车型、航班号码、离店日期和具体时间等。

（3）立即向车队查询当时的用车情况。

（4）向客人确认付费信息：价格、付费方、付费方式。

3. 准备工作

（1）机场代表根据客人要求填写酒店车辆使用单（内容有客人姓名、人数、离店日期、车辆出发时间、机场名称、离开的航班号码及时间、所需的车型、所需车辆的数量、收取的费用及付款方式），请客人签字并询问是否在其要求的时间安排行李服务或其他。

（续）

（2）将酒店车辆使用单送至车队，请车队领班在酒店车辆使用单上签字后，将车队存根联交车队领班。	

（2）将酒店车辆使用单送至车队，请车队领班在酒店车辆使用单上签字后，将车队存根联交车队领班。

（3）将酒店车辆使用单交给礼宾处领班，由其将酒店车辆使用单送至收银处入账。

（4）礼宾处领班在酒店车辆使用记录上登记客人姓名及人数、机场名称、离开的航班号码及时间、预订的车型及数量等信息。

4. 送机

（1）送机当天，机场代表提前半小时出发到机场等候客人到达。

（2）行李员将客人送上提前等候的车辆。待客人乘坐的车辆离开酒店后，行李员将送机信息通知机场代表。

（3）在客人到达后，机场代表主动为客人提行李，并在客人需要的情况下帮助其办理登机手续，最后将客人送入候机大厅。

（4）机场代表回到酒店后，将该项服务反馈给礼宾处领班，由其在酒店车辆使用记录上登记注销。

签 阅 栏	签收人请注意：在此签字时，表示您同意下述两点内容： 1. 本人保证严格按此文件要求执行； 2. 本人有责任在发现问题时，第一时间向本文件审批人提出修改意见。				
相关说明					
编制人员		审核人员		审批人员	
编制日期		审核日期		审批日期	

四、行李寄存发放服务规范

酒店前厅部服务标准与服务规范文件		文件编号		版本	
标题	行李寄存发放服务规范	发放日期			

1. 清点行李规范

（1）当客人要求寄存行李时，行李员请客人出示房卡，以确定是否是住店客人。

（2）检查客人行李是否上锁、有无破损。若没有上锁，须提醒客人上锁，如果客人坚持认为没有必要，则在行李寄存牌上注明"无锁"；若行李有破损，则当面向客人说明，并将破损情况记录在行李寄存牌上。

（3）礼貌地告知客人不能寄存易燃、易爆、易碎及贵重物品，并告知客人最长寄存期限。若发现有不易管理或易碎、易燃的物品，应向客人解释或建议客人同有关部门联系。

（4）行李员为客人搬运行李时须小心，不准乱抛、脚踢，不能将行李拖地，不能坐、踏行李。

（续）

2. 办理寄存手续规范		
（1）行李员询问客人行李寄存信息并填写行李寄存牌，填写内容有寄存日期及时间、客人姓名及房号、行李件数、领取日期、行李员签字，并请客人签字。		
（2）将行李寄存牌上联吊挂在行李上，下联交到客人手中，并提醒其妥善保存及阅读背面的行李寄存条件。		
（3）将行李放入行李房，将大件行李放在行李架下方，小件行李放在行李架上方，并在行李寄存登记表上登记。		
3. 发放行李规范		
（1）客人取行李时，行李员请其出示行李寄存牌，并核对其寄存牌上的内容是否与寄存卡上半联相同，核对无误后方可取出行李。		
（2）从行李房取出行李，并与客人一同确认行李的件数和有无破损情况。		
（3）客人取走行李时，收回行李寄存牌，并请客人在行李寄存登记表上签字。		
（4）若客人没有行李寄存牌，则不得将行李交给客人，应通知礼宾领班；礼宾领班应请客人描述所存行李的特征，出示有效证件（身份证或护照），核对无误后请客人填写无牌取物表，再将寄存牌及客人证件一起复印在无牌取物表上，请客人签字确认后才可将行李交给客人。		

签阅栏		签收人请注意：在此签字时，表示您同意下述两点内容： 1. 本人保证严格按此文件要求执行； 2. 本人有责任在发现问题时，第一时间向本文件审批人提出修改意见。
相关说明		
编制人员	审核人员	审批人员
编制日期	审核日期	审批日期

第五节 礼宾服务常用文书与表单

一、行李寄存卡

行李寄存卡（自留联）	
登记日期	
取行李日期	

（续表）

客人姓名	
房间号码	
行李件数	
行李寄存卡（客人联）	
登记日期	
取行李日期	
客人姓名	
房间号码	
行李件数	

二、团队行李登记表

到达酒店						
编号	团队名称	团队人数	行李件数	到达时间	破损情况	领队签字
离开酒店						
编号	团队名称	团队人数	行李件数	离开时间	破损情况	领队签字

三、行李工作日报表

编号：　　　　　　　　　　　　　　　　　　日期：＿＿＿年＿＿＿月＿＿＿日

	住店团体		离店团队	
团体行李	住店团体数量		离店团队数量	
	行李总件数		行李总件数	
	时间段	行李件数	时间段	行李件数

（续表）

散客行李	住店客人		离店客人	
	行李总件数		行李总件数	
	时间段	行李件数	时间段	行李件数
当日进出行李总件数	共＿＿件，平均＿＿件/人			

四、信件传送记录表

编号		团队名称	
送件人		房间号	
送信时间		收信时间	
信件类别		收信人姓名	
备注			

五、机场接机记录表

编号	客人姓名/团队名称	人数	是否为VIP客人	航班号	到达时间	是否晚点	使用车型	用车数量	机场代表签名	备注

第六节 提升服务质量问题解决方案

一、大堂环境维护方案

标　　题	大堂环境维护方案		文件编号		版本	
执行部门		监督部门			考证部门	

1. 为了维护酒店大堂的环境卫生，使其时刻保持清洁、整齐的状态，特制定本方案。

2. 本方案适用于前厅部迎宾处所有服务人员。

3. 酒店大堂应始终给客人留下清洁、整齐的印象，应确保酒店大堂内的烟缸清洁，大堂内的沙发及桌椅上没有杂物。

4. 行李车要排放整齐并确保安全。

5. 将临时存放在大堂内的行李排列整齐并确保其安全。

6. 若有必要，应通知管家部对大堂区域进行清洁维护。

（1）应通知公共区域的主管对车道进行清洁。行李员及礼宾处主管当班时应协助保持大堂内的整洁，遇有纸屑等杂物时须主动捡起。

（2）根据公共区域灯光时间控制表，及时关闭或开启大堂公共区域的灯光控制开关。

7. 遇酒店有宴会及大型活动时，行李员应引领大批客人走步行梯，以免影响住店客人正常使用电梯。

8. 遇电梯临时故障停止运行时，应及时通知当天值班经理及工程部，同时将护栏放置于故障电梯处，并向客人解释："电梯临时故障，酒店正在尽力维修，请您到大堂稍候，电梯恢复后我们会立即通知您。"

9. 定期对大堂内的指示牌进行更新及摆放。

相关说明	

二、行李破损丢失处理方案

标　　题	行李破损丢失处理方案		文件编号		版本	
执行部门		监督部门			考证部门	

1. 目的

为了指导礼宾人员快速、妥善地处理客人行李破损、丢失事件，帮助客人挽回损失或赔偿其损失，特制定本方案。

（续）

2. 适用范围 行李破损和丢失，均可按照本方案执行。 **3. 客人行李破损处理** （1）发现行李破损后，要与客人核实，向客人讲清破损原因，确认赔偿责任。 （2）征得客人同意后，查看破损情况，确定修补方法。 （3）向客人说明修补时间、方法、费用和付款方式，方可修理。 （4）通知礼宾处主管，经其同意后方可派人外出为客人修理。 （5）修好后，将修好的行李、发票、车票交给客人，客人确认后方可离开。 （6）回到礼宾处后要向主管或领班报到，并在"行李员工作登记表"上登记。 **4. 客人行李丢失处理** （1）机场行李丢失处理办法 ① 酒店接到客人丢失行李的信息后，应立即确认客人住店信息、航班号、航班出发地、到店日期及丢失行李的件数、外形和颜色等。 ② 请客人递交身份证复印件，告知客人酒店可以代其继续查找。 ③ 将丢失的行李、失主信息和酒店的全称、地址、联系电话、联系人等信息告知机场行李挂失处。 ④ 礼宾服务领班随时向客人报告事情进展状况。 ⑤ 接到机场人员送来的丢失行李后，应先核对行李件数，并检查行李有无破损，如有破损，需请机场人员签字确认，并将客人的行李单交由机场人员带回。 ⑥ 第一时间通知客人已找回行李，与客人核实后将行李交还客人。 ⑦ 若机场行李挂失处未找到客人丢失的行李，也须第一时间通知客人，并向其表达歉意。 （2）酒店行李丢失处理办法 ① 如有客人报称在酒店遗失行李，应立即报告礼宾服务主管和大堂副理。 ② 相关负责人应认真检查行李登记表，查看行李是否已到店，如已到店，应与接待处、行李房等处进行核对，并查清行李丢失情况。 ③ 如确定行李不是在酒店丢失的，应协助客人寻找丢失行李。 ④ 如经调查确定行李是在酒店丢失的，应查找是否还未送到客人处或送错房间。 ⑤ 必要时应查找进入客房的记录，并请相关当事人回忆进入房间的情形。 ⑥ 如经努力仍未找回失物，建议客人报案。礼宾服务主管应负责记录整个事件经过，并向上级报告。
相关说明	

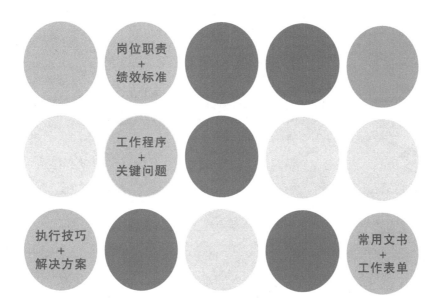

岗位职责
+
绩效标准

工作程序
+
关键问题

执行技巧
+
解决方案

常用文书
+
工作表单

第五章

商务中心服务精细化管理

第一节　商务中心服务岗位职责描述

一、商务中心服务岗位设置

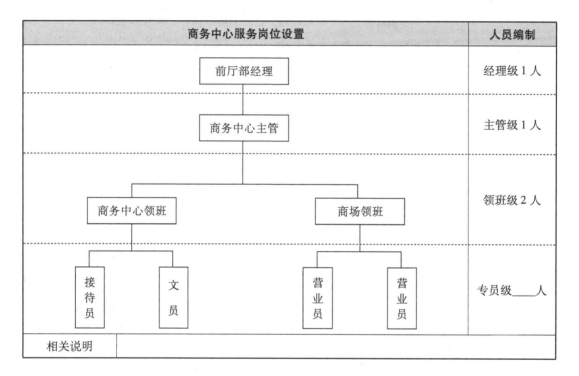

商务中心服务岗位设置	人员编制
前厅部经理	经理级1人
商务中心主管	主管级1人
商务中心领班　　商场领班	领班级2人
接待员　文员　　营业员　营业员	专员级____人
相关说明	

二、商务中心主管岗位职责

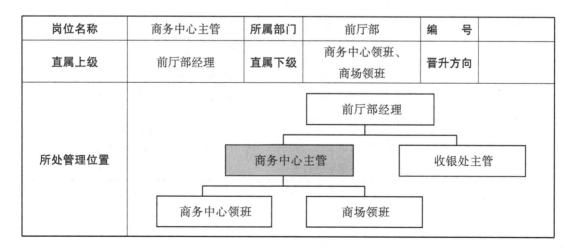

岗位名称	商务中心主管	所属部门	前厅部	编　号	
直属上级	前厅部经理	直属下级	商务中心领班、商场领班	晋升方向	
所处管理位置					

前厅部经理

商务中心主管　　收银处主管

商务中心领班　　商场领班

（续）

职责概述	组织做好商务中心的商务服务及商场服务，为客人提供高质量的服务	
职责	职责细分	职责类别
1. 组织做好商务服务	（1）为客人提供复印、打字、翻译、收发传真等秘书性服务，保证商务中心的工作能按酒店要求正常进行，完成每月计划指标	日常性
	（2）组织做好电脑、会议室出租，物品借用等租借服务工作，保证服务质量，最大程度上为酒店带来利益	日常性
	（3）与商务中心有业务往来的部门协调沟通，保证各项业务正常运行	日常性
	（4）与电信局及相关部门保持密切联系，以保证电信业务顺利进行	日常性
2. 商场经营与管理	（1）制定商场工作的规章制度，提高商场的管理水平和服务质量	周期性
	（2）指导商品布局和橱窗布置，使商场的环境与酒店的格调保持一致	特别工作
	（3）立足于市场行情，组织适销对路的货源，根据酒店客人的特点和要求，开拓新的货源渠道和市场	特别工作
	（4）根据商品的销售情况进行业务洽谈，签订代销协议，坚持平等互利的原则，友好地进行商业往来，最大程度上为酒店争取利益	特别工作
3. 制订计划并审核，监督计划的执行情况	（1）根据商务和商场服务的情况和特点制订有效的工作计划	周期性
	（2）制订商场经营商品的采购计划，合理控制商品的库存	周期性
	（3）检查商务中心运营情况，保证服务质量	日常性
	（4）查阅交接班记录及有关文件，核对前一天的营业日报表及单据，保证服务工作及营业数据无遗漏	日常性
4. 员工管理	（1）根据工作情况合理安排员工的班次，提高工作效率	日常性
	（2）了解员工的工作进展、思想动态，帮助员工解决工作上的难题	日常性
	（3）负责员工的培训工作，提高员工的外语水平、推销技能以及服务质量，并定期进行考核	周期性

三、商务中心领班岗位职责

岗位名称	商务中心领班	所属部门	前厅部	编　号	
直属上级	商务中心主管	直属下级	接待员、文员	晋升方向	

所处管理位置	

职责概述	协助商务中心主管督导下属人员承接并向客人提供优质的商务服务，包括各项秘书性服务、租借服务等

职责	职责细分	职责类别
1. 督导及参与商务服务	（1）当值时督导并参与商务中心本班组的打字、复印、传真接收与发送、翻译等秘书性服务	日常性
	（2）督导并参与商务中心班组的物品租借服务	日常性
	（3）收集并为客人提供本市商业、贸易等方面的最新信息	日常性
2. 检查、管理班组商务服务工作	（1）负责对电脑单据底稿进行细致核对，并制作各种报表	日常性
	（2）将工作中发现的各种问题及时向主管汇报，以便及时解决	日常性
	（3）检查商务中心各种设备设施的清洁工作	日常性
3. 班组员工管理	（1）每天检查员工的仪容仪表，安排员工的工作	日常性
	（2）检查员工考勤情况	日常性
	（3）督促、指导员工的工作，根据员工的工作表现进行奖罚	日常性

四、商场领班岗位职责

岗位名称	商场领班	所属部门	前厅部	编　　号	
直属上级	商务中心主管	直属下级	营业员	晋升方向	

所处管理位置	<表示管理组织结构图：商务中心主管下设商场领班、商务中心领班；商场领班下设营业员>

职责概述	协助商务中心主管做好商场的日常经营工作，提高营业员的素质和服务质量，收集并及时反馈市场信息

职责	职责细分	职责类别
1. 商场日常经营管理	（1）针对每天的经营情况，及时组织商品上柜工作，做到库有柜有	日常性
	（2）主持班组交接班会议，检查班组的工作日志，核实柜台账目	日常性
	（3）检查商场设施设备的使用及保养情况，发现问题及时报修	日常性
	（4）检查商场的卫生清洁、消防安全及防盗工作	日常性
2. 客户服务	（1）与客人沟通，了解客人的需求，解决售货中、售货后客人提出的各种问题	日常性
	（2）收集市场信息，倾听客人意见与建议，并及时将客人的意见与建议转达给相关部门及领导	日常性
	（3）协助处理客人的投诉	特别工作
3. 班组员工管理	（1）监督、检查员工在工作中的仪容仪表、礼节礼貌、销售技巧等，并给予必要的指导	日常性
	（2）组织对营业员、接待员的外语、推销技巧等方面进行培训，负责新员工的带教工作	日常性
	（3）负责部门员工的考勤、考绩工作，根据其工作业绩和表现提出奖惩建议	日常性

五、商务中心文员岗位职责

岗位名称	文员	所属部门	前厅部	编　号	
直属上级	商务中心领班	直属下级		晋升方向	

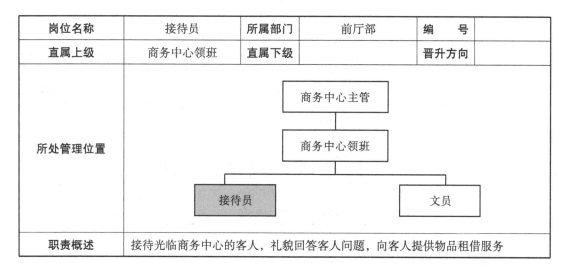

所处管理位置	商务中心主管 → 商务中心领班 → 文员 / 接待员				
职责概述	准确为客人提供打字、复印、接发传真等各项秘书性服务，确保客人满意				

职责	职责细分	职责类别
1. 提供传真等秘书性服务	（1）为客人提供传真、打字、复印等秘书性服务工作，保证服务质量，提高工作效率	日常性
	（2）对客人提出的问题耐心解释，尽量满足客人的要求	日常性
	（3）为客人计算办理业务的费用，合理收费并做记录	日常性
2. 其他工作	（1）及时对工作情况进行记录，做好交接班工作	日常性
	（2）负责商务中心的环境卫生，保证办公设备正常运作	日常性

六、商务中心接待员岗位职责

岗位名称	接待员	所属部门	前厅部	编　号	
直属上级	商务中心领班	直属下级		晋升方向	
所处管理位置	商务中心主管 → 商务中心领班 → 接待员 / 文员				
职责概述	接待光临商务中心的客人，礼貌回答客人问题，向客人提供物品租借服务				

（续）

职责	职责细分	职责类别
1. 接待服务	（1）对客人热情有礼，有问必答，尽量满足客人的要求，耐心解答客人的疑问	日常性
	（2）熟练地向客人介绍商务中心的主要业务，为商务中心争取利益	日常性
2. 提供商务用品租借服务	（1）向客人提供电脑出租、物品借用等服务	日常性
	（2）为客人办理物品租借及相应的结算等手续	日常性
3. 其他工作	（1）及时对工作情况进行登记，做好交接班工作	日常性
	（2）礼貌地用外语与外宾交流，准确地为客人服务	特别工作

七、商务中心营业员岗位职责

岗位名称	营业员	所属部门	前厅部	编　号	
直属上级	商场领班	直属下级		晋升方向	
所处管理位置					

商务中心主管

商场领班

营业员

职责概述	负责商场商品的陈列、销售工作，热情待客，提供周到的服务	
职责	职责细分	职责类别
1. 销售服务	（1）营业前做好商品的品种和性能、商品价目表、营业日报、个人形象等各项准备工作	日常性
	（2）在当班期间，向光临的客人介绍、销售所负责柜台的商品	日常性
	（3）协助收银员收取所售商品的款项	日常性
	（4）根据营业情况准确编制营业日报表	日常性

（续）

职责	职责细分	职责类别
2. 柜台整理	（1）整理柜台，做好柜台及周围环境的清洁工作，认真做好交接班	日常性
	（2）做好各类商品保管及柜内样品陈列工作，及时补充柜台内的商品，保持橱窗内商品规格、品种齐全	日常性
	（3）注意做好商场柜台的各项安全防范工作，防止盗窃和火灾发生	日常性
3. 商品日常管理	（1）时常关注商品的销售情况，及时汇报各种畅销或滞销商品的信息	日常性
	（2）严格执行商品验收制度，注意食品的保质期	日常性
	（3）在财务部相关人员的指导下，定期做好商品盘点工作，并填制"盘点报表"	周期性

第二节　商务中心服务岗位绩效考核量表

一、商务中心主管绩效考核量表

序号	考核内容	考核指标及目标值	考核实施	
			考核人	考核结果
1	组织做好复印等秘书性服务工作	客人满意度评分平均达____分		
2	组织做好电脑等物品的租借工作	租借出错率为0		
3	组织货源，开拓市场	商场月营业额不低于____万元，毛利润率达____%以上		
4	制订商务中心工作计划	工作计划按时完成率达____%以上		
5	负责员工培训与考核工作	员工考核达标率达____%以上		

二、商务中心领班绩效考核量表

序号	考核内容	考核指标及目标值	考核实施	
			考核人	考核结果
1	督促并参与商务服务	客人满意度评分平均达____分,员工工作出错率不超过____%		
2	收集商业最新信息并及时向客人提供	信息及时更新率达____%以上		
3	检查设备设施的卫生	卫生达标率达____%		
4	制作各种报表	报表数据准确率达____%		

三、商场领班绩效考核量表

序号	考核内容	考核指标及目标值	考核实施	
			考核人	考核结果
1	礼貌对待客人,保证酒店的信誉	客人投诉次数控制为0		
2	及时组织商品上柜	商品空缺率不超过____%		
3	核实柜台账目	账目准确率达____%以上		
4	指导、检查员工工作	员工工作出错数不得超过____次/年		

四、商务中心文员绩效考核量表

序号	考核内容	考核指标及目标值	考核实施	
			考核人	考核结果
1	为客人提供服务,帮助客人解决问题	客人投诉次数控制在0次		
2	做好登记工作	登记内容与实际工作相符,漏填数为0		
3	收取服务费用	年计算出错数不超过____次		
4	负责商务中心卫生	工作环境卫生达标率达____%以上		

五、商务中心接待员绩效考核量表

序号	考核内容	考核指标及目标值	考核实施	
			考核人	考核结果
1	满足客人要求，解答客人询问	客人投诉次数控制在 0 次		
2	为客人提供租借服务	客人满意度评分平均达____分		
3	礼貌使用外语与外宾交流	沟通出错率在____% 以下		

六、商务中心营业员绩效考核量表

序号	考核内容	考核指标及目标值	考核实施	
			考核人	考核结果
1	做好销售工作，解决客人问题	客人投诉次数控制在 0 次		
2	清洁、整理柜台	有明显灰尘的柜台数在____个以下		
3	及时补充柜台商品	柜台商品上架率不得低于____%		
4	严格执行商品验收制度	柜台上过期食品数为 0		
5	协助收银员为客人结账	结账工作差错率为 0		
6	及时编制并上交营业日报表	数据准确率达____%		

第三节　商务中心工作程序与关键问题

一、复印服务程序与关键问题

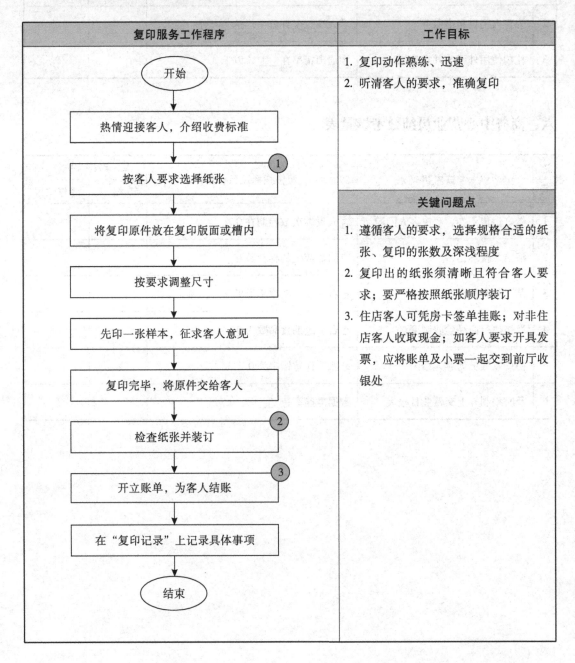

复印服务工作程序	工作目标
	1. 复印动作熟练、迅速 2. 听清客人的要求，准确复印

	关键问题点
	1. 遵循客人的要求，选择规格合适的纸张、复印的张数及深浅程度 2. 复印出的纸张须清晰且符合客人要求；要严格按照纸张顺序装订 3. 住店客人可凭房卡签单挂账；对非住店客人收取现金；如客人要求开具发票，应将账单及小票一起交到前厅收银处

复印服务工作程序流程：

开始

热情迎接客人，介绍收费标准

① 按客人要求选择纸张

将复印原件放在复印版面或槽内

按要求调整尺寸

先印一张样本，征求客人意见

复印完毕，将原件交给客人

② 检查纸张并装订

③ 开立账单，为客人结账

在"复印记录"上记录具体事项

结束

二、上网服务程序与关键问题

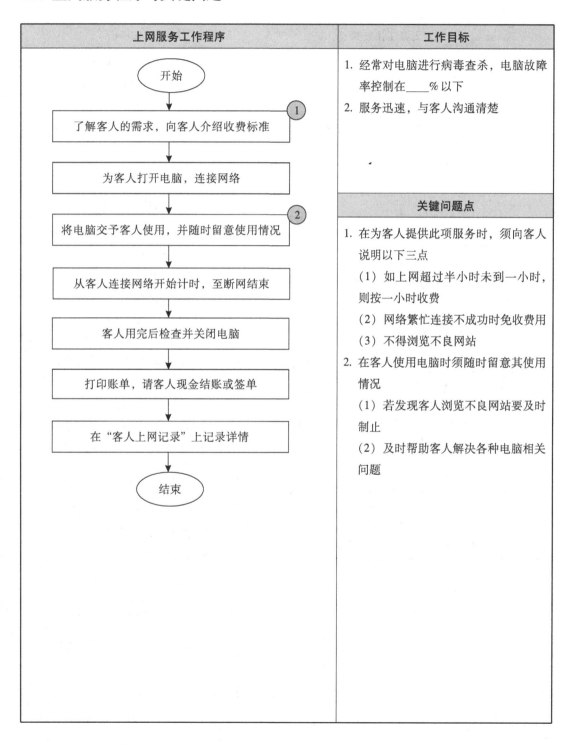

上网服务工作程序	工作目标
开始 ① 了解客人的需求，向客人介绍收费标准 为客人打开电脑，连接网络 ② 将电脑交予客人使用，并随时留意使用情况 从客人连接网络开始计时，至断网结束 客人用完后检查并关闭电脑 打印账单，请客人现金结账或签单 在"客人上网记录"上记录详情 结束	1. 经常对电脑进行病毒查杀，电脑故障率控制在＿＿％以下 2. 服务迅速，与客人沟通清楚
	关键问题点
	1. 在为客人提供此项服务时，须向客人说明以下三点 （1）如上网超过半小时未到一小时，则按一小时收费 （2）网络繁忙连接不成功时免收费用 （3）不得浏览不良网站 2. 在客人使用电脑时须随时留意其使用情况 （1）若发现客人浏览不良网站要及时制止 （2）及时帮助客人解决各种电脑相关问题

三、借用物品程序与关键问题

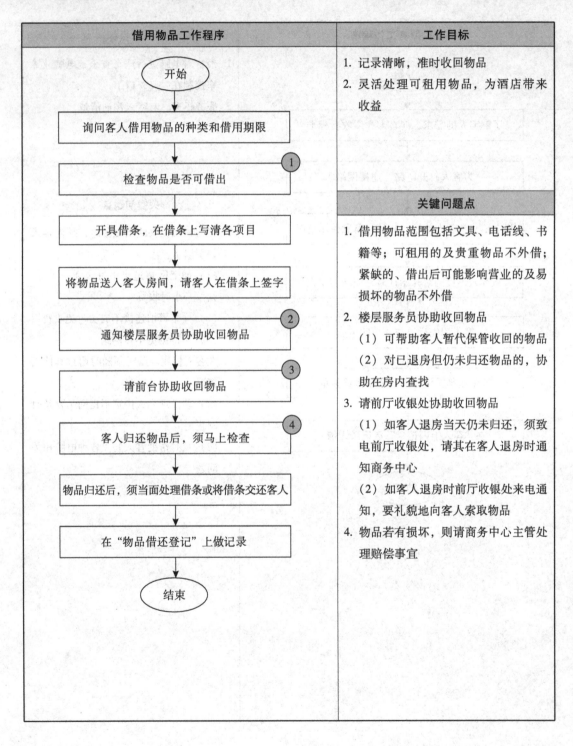

借用物品工作程序	工作目标

工作目标

1. 记录清晰，准时收回物品
2. 灵活处理可租用物品，为酒店带来收益

关键问题点

1. 借用物品范围包括文具、电话线、书籍等；可租用的及贵重物品不外借；紧缺的、借出后可能影响营业的及易损坏的物品不外借
2. 楼层服务员协助收回物品
   （1）可帮助客人暂代保管收回的物品
   （2）对已退房但仍未归还物品的，协助在房内查找
3. 请前厅收银处协助收回物品
   （1）如客人退房当天仍未归还，须致电前厅收银处，请其在客人退房时通知商务中心
   （2）如客人退房时前厅收银处来电通知，要礼貌地向客人索取物品
4. 物品若有损坏，则请商务中心主管处理赔偿事宜

借用物品工作程序流程：

开始 → 询问客人借用物品的种类和借用期限 → 检查物品是否可借出① → 开具借条，在借条上写清各项目 → 将物品送入客人房间，请客人在借条上签字 → 通知楼层服务员协助收回物品② → 请前台协助收回物品③ → 客人归还物品后，须马上检查④ → 物品归还后，须当面处理借条或将借条交还客人 → 在"物品借还登记"上做记录 → 结束

四、翻译服务程序与关键问题

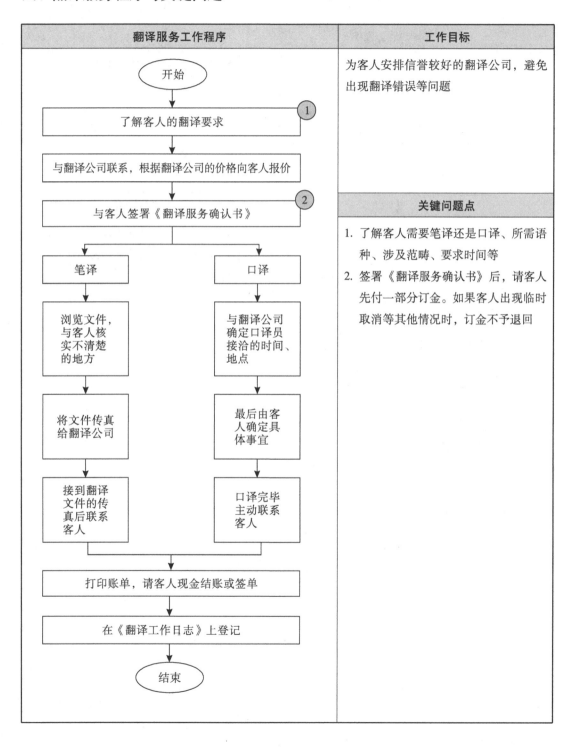

翻译服务工作程序	工作目标
开始 ① 了解客人的翻译要求 与翻译公司联系，根据翻译公司的价格向客人报价 ② 与客人签署《翻译服务确认书》 笔译　／　口译 浏览文件，与客人核实不清楚的地方　／　与翻译公司确定口译员接洽的时间、地点 将文件传真给翻译公司　／　最后由客人确定具体事宜 接到翻译文件的传真后联系客人　／　口译完毕主动联系客人 打印账单，请客人现金结账或签单 在《翻译工作日志》上登记 结束	为客人安排信誉较好的翻译公司，避免出现翻译错误等问题
	关键问题点
	1. 了解客人需要笔译还是口译、所需语种、涉及范畴、要求时间等 2. 签署《翻译服务确认书》后，请客人先付一部分订金。如果客人出现临时取消等其他情况时，订金不予退回

五、商场导购服务程序与关键问题

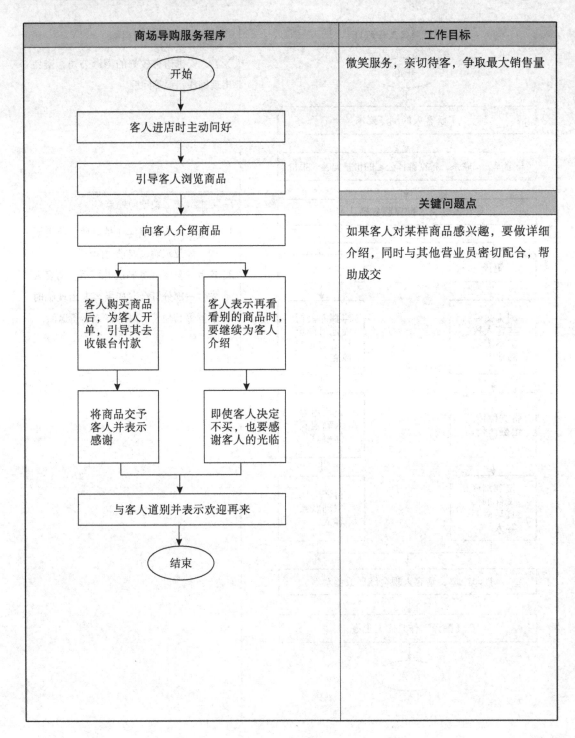

商场导购服务程序	工作目标
	微笑服务，亲切待客，争取最大销售量

商场导购服务程序：

开始

客人进店时主动问好

引导客人浏览商品

向客人介绍商品

客人购买商品后，为客人开单，引导其去收银台付款 / 客人表示再看看别的商品时，要继续为客人介绍

将商品交予客人并表示感谢 / 即使客人决定不买，也要感谢客人的光临

与客人道别并表示欢迎再来

结束

关键问题点

如果客人对某样商品感兴趣，要做详细介绍，同时与其他营业员密切配合，帮助成交

第四节　商务中心服务标准与服务规范

一、商务中心服务规范

酒店前厅部服务标准与服务规范文件		文件编号		版本	
标题	商务中心服务规范	发放日期			

1. 为规范商务中心服务人员的服务行为，提升客人对商务中心各项服务的满意度，特制定本规范。

2. 客人进入商务中心时，接待员应马上向客人问好，如果知道客人的姓名，要主动称呼客人。

3. 接待员接受客人要办的业务或为客人解答问题时，要表现出感兴趣的态度。

4. 一般情况下，由第一个接到客人要求的员工处理解决客人的要求，不能转手交给他人。

5. 在为客人办理业务的过程中不得延迟或中止。

6. 书面文件要置于文件夹中交予客人。

7. 不得私自发传真，不得随意篡改传真内容。

8. 要遵守保密制度，不得泄露酒店和客人的隐私。

签阅栏		签收人请注意：在此签字时，表示您同意下述两点内容： 1. 本人保证严格按此文件要求执行； 2. 本人有责任在发现问题时，第一时间向本文件审批人提出修改意见。	
相关说明			
编制人员		审核人员		审批人员	
编制日期		审核日期		审批日期	

二、设备租用服务规范

酒店前厅部服务标准与服务规范文件		文件编号		版本	
标题	设备租用服务规范	发放日期			

商务中心工作人员在向客人提供各项设备的租用服务时，应遵照下列服务规范。

1. 出租设备前，必须检查设备运行是否正常。

2. 仔细向客人解释设备使用说明。

（续）

	3. 若将设备租出会影响正常营业，则不得租出，并要向客人解释清楚。
	4. 出租费用按时计算，须精确计时。
签 阅 栏	签收人请注意：在此签字时，表示您同意下述两点内容： 1. 本人保证严格按此文件要求执行； 2. 本人有责任在发现问题时，第一时间向本文件审批人提出修改意见。
相关说明	

编制人员		审核人员		审批人员	
编制日期		审核日期		审批日期	

三、商场营业员服务规范

酒店前厅部服务标准与服务规范文件		文件编号		版本	
标题	商场营业员服务规范	发放日期			

1. 营业员须着装整洁、仪态端庄、态度热情、精神饱满。

2. 对每一位进店的客人致意，表示欢迎。

3. 对各类商品分区放置，商品陈列应反映商场的经营特色，把具有代表性的商品摆放在最显眼的地方，并保持货架丰富、整齐、清洁、美观。

4. 熟悉本商场的营业内容和工作程序，准确、规范、得体地运用礼貌语言为客人服务。

5. 与其他营业员配合默契，善于引导、疏导客人，使客人感觉舒适、亲切。

6. 热情地向客人介绍商品的特性、款式、使用方法、价格等，帮助客人挑选满意的商品，但不要让客人有被强迫购买的感觉。

7. 客人选定某一商品时，应主动赞扬客人有眼光。

8. 主动帮客人开具发票。

签 阅 栏	签收人请注意：在此签字时，表示您同意下述两点内容： 1. 本人保证严格按此文件要求执行； 2. 本人有责任在发现问题时，第一时间向本文件审批人提出修改意见。
相关说明	

编制人员		审核人员		审批人员	
编制日期		审核日期		审批日期	

第五节 商务中心服务常用文书与表单

一、设备租用协议书

设备租用协议书

承租方（甲方）：＿＿＿＿＿＿＿＿＿　　租赁方（乙方）：＿＿＿＿＿＿＿＿＿

联系人：＿＿＿＿＿＿＿＿＿＿＿　　　联系人：＿＿＿＿＿＿＿＿＿＿＿

电话：＿＿＿＿＿＿＿＿＿＿＿　　　　电话：＿＿＿＿＿＿＿＿＿＿＿

传真：＿＿＿＿＿＿＿＿＿＿＿　　　　地址：＿＿＿＿＿＿＿＿＿＿＿

手机：＿＿＿＿＿＿＿＿＿＿＿

地址：＿＿＿＿＿＿＿＿＿＿＿

甲方向乙方租用××＿＿＿台，有关事项经甲乙双方协商后达成如下协议。

1. 租用设备品名、数量及金额

品名：＿＿＿＿＿＿＿＿＿＿＿＿＿

数量：＿＿＿＿＿＿＿＿＿＿＿＿＿

单位：＿＿＿＿＿＿＿＿＿＿＿＿＿

单价：＿＿＿＿＿＿＿＿＿＿＿＿＿

小计：＿＿＿＿＿＿＿＿＿＿＿＿＿

备注：＿＿＿＿＿＿＿＿＿＿＿＿＿＿＿＿＿

2. 付款方式

□ 挂账　　　　　　□ 现金　　　　　　　　□ 信用卡

3. 租用期限

从＿＿月＿＿日起到＿＿月＿＿日止，共计＿＿天。

4. 权利和义务

（1）乙方保证向甲方提供上述设备，并且保证所有器材运行良好。

（2）在租赁的使用过程当中，甲方务必爱护仪器设备，妥善保管、小心使用，切勿野蛮操作；更不可私自拆卸（凭易碎纸标签判断），否则如有损坏或机身表面有严重损伤，按维修价格或复原所需费用收取赔偿费。

（3）在租赁期内，如设备发生故障，可随时通知乙方，乙方最迟不超过两天上门维修或换新设备。

以上条款如有未尽事宜，双方可协商解决。

本协议书一式两份。甲方、乙方各持一份，本协议书由双方代表签字盖章后生效。

甲方：　　　　　　　　　　　　乙方：

（签章）　　　　　　　　　　　（签章）

＿＿年＿＿月＿＿日　　　　　　＿＿年＿＿月＿＿日

二、传真收发记录表

客人姓名		房　号	
目的地/发送地		传真号码	
传真份数		通话时间	
服务费		总金额	
付款方式	□ 现金　　　　□ 挂账　　　　□ 信用卡		
经办人姓名			

三、物品借还登记表

日期	借用时间	客人姓名	客人房号	借用物品	租借数量	归还时间	员工姓名	客人签名	备注

第六节　提升服务质量问题解决方案

一、酒店商场服务提升方案

标　题	酒店商场服务提升方案	文件编号		版本	
执行部门		监督部门		考证部门	

　　为了提高客人对酒店的满意度，特制定本方案，望相关人员照此执行。

　　1. 客人看货时，营业员要从客人观看商品的视线、询问和交谈中了解客人的需要，在适当的时机向客人介绍商品。

　　2. 客人选购商品时，营业员要耐心地帮助客人挑选，主动介绍，细心展示，不要催促客人。在介绍商品时，要遵循以下原则。

（续）

	（1）针对商品的特点，突出其独特的风格、性能和用途。 （2）介绍商品时应注意掌握不同国籍、不同层次客人的购物心理和需求，有针对性地介绍。 （3）由于客人来自不同的国家和地区，他们在购物习惯上有许多差异，介绍商品时要有所顾及。 3. 柜台缺货时，营业员可向客人推荐别的商品，或请客人预订。 4. 成交后，要为商品进行包装，包装要注意牢固美观，便于携带。 5. 收找钱出错时，先细心地问明交款的数额、票面颜色、新旧程度，然后再进行认真的检查。如果是自己算错，应马上向客人致歉，并多退少补；如果是客人算错，应有礼貌地请客人认真回忆交款和收款的过程，证实后不要责怪客人，应以一句"没关系"解除客人的尴尬。 6. 客人离店时，应提醒客人收好钱、发票以及已购商品，防止丢失。 7. 商场要关门时，也要热情地对待客人，不得催促。
相关说明	

二、电脑设备应急处理方案

标　题	电脑设备应急处理方案		文件编号		版本	
执行部门		监督部门			考证部门	
	1. 对设备故障进行判断及做一般处理。 （1）热启动或按"Ctrl + Alt + Del"组合键。 （2）重启电脑。 （3）查看其他电脑的情况。 （4）查看设备故障显示灯，重启设备。 2. 报告上级或专业的电脑维修人员。 3. 若处理后仍无法正常使用，对客方面应采取以下措施。 （1）对因电脑故障而受到损失的客人给予折扣或免费。 （2）建议发电子邮件的客人改发传真。 （3）设法使用其他电脑。 （4）马上向客人道歉。 （5）立即请维修人员维修。 （6）将故障设备搬出商务中心。 4. 终端机系统故障对客服务方面的应急措施。 （1）账目方面的应急措施。 ① 客人需要挂账时，须请客人出示住房卡，若客人没有带卡，则一定要请其在账单上写清楚自己的姓名和房号，以备开机后复查。					

（续）

② 如客人对自己的房号不确定或没有带房卡，可先在接待处或前台收银处确认房号和退房日期，再请客人离开。注意不要主动询问退房日期，同时对由此引起的不便向客人进行解释和道歉。

③ 检查客人的房卡时要留意退房日期，若客人当日退房，当天应马上将账单和房号报前台收银员，请其在客人办理结账时通知商务中心。

④ 应将账单的具体款项告知对方，陪同客人一起到前台收银处结账。

⑤ 如终端系统恢复正常，应马上将手头的账单输入电脑，已由前台收银结算的账款除外。

⑥ 如终端系统在下班时仍无法使用，将账单做报表并交账，待系统恢复正常后再对所有现金账目进行做账。

（2）传真和电子邮件查询服务方面的应急措施。

① 在接待处查询客人资料时，须注意报表上住店客人的抵达或退房日期，并及时派送传真件等。

② 如未能在电脑资料上查出传真收件人的信息，还要查找接待处当前已入住但未输入电脑的登记表，以免遗漏临时入住的客人。

③ 在电脑终端恢复正常前，对于所有无法确定房号的传真或电子邮件收件人仍要坚持定时查找；电脑终端恢复正常后，应对所有未查找到的传真和电子邮件收件人重新进行查找。

5. 宽带网出现问题时对客服务方面的应急措施。

（1）马上向客人解释并道歉。

（2）了解大概的维修时间。

（3）若修复时间较长须立即通知客人。

（4）对因宽带网出现问题而受到损失的客人给予折扣或免费。

（5）宽带网经修复并测试无问题后再告知客人。

相关说明	

三、客人要求退换货处理方案

标　题	客人要求退换货处理方案		文件编号		版本	
执行部门		监督部门		考证部门		

商场工作人员在接到客人要求退换货事件时，可遵照下列方案予以处理。

1. 在以下情况下可以退换。

（1）商品未使用过。

（2）售出商品存在质量问题，且不是因客人使用不当而引起的。

客人在办理退换货时须持有商场的售货单据，且在商品的可退换货期限内。

2. 经检查符合退换货条件的，营业员可报商场领班，经核准后给予退换货。

3. 无论能否退换，营业员都必须礼貌地对待客人，耐心地讲清原因。

相关说明	

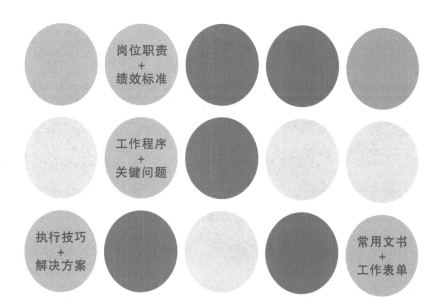

岗位职责
+
绩效标准

工作程序
+
关键问题

执行技巧
+
解决方案

常用文书
+
工作表单

第六章

收银服务精细化管理

第一节　收银服务岗位描述

一、收银服务岗位设置

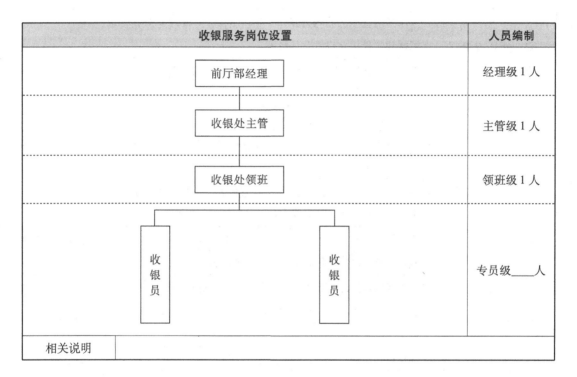

收银服务岗位设置	人员编制
前厅部经理	经理级1人
收银处主管	主管级1人
收银处领班	领班级1人
收银员　　　收银员	专员级＿＿人
相关说明	

二、收银处主管岗位职责

岗位名称	收银处主管	所属部门	前厅部	编　　号	
直属上级	前厅部经理	直属下级	收银处领班	晋升方向	
所处管理位置					

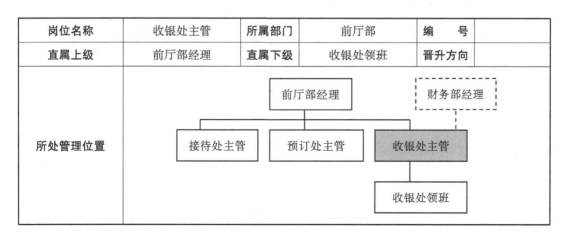

（续）

职责概述	全面负责前厅总台收银业务的开展，监督、协助建立完整的客账，确保前厅收银工作规范、准确、及时完成	
职责	**职责细分**	**职责类别**
1. 指导并参与结账、外币兑换等收银工作	（1）指导并参与为客人办理离店结账等服务，解决客人提出的问题	日常性
	（2）组织外币兑换员准确做好外币兑换工作，并审核外币兑换员编制的"外币兑换营业日报表"	日常性
	（3）在贵宾、会议、团队等特殊客人到达前及离店前，及时、准确地为其编制好账单	特别工作
	（4）受理客人投诉及有争议的收费	特别工作
2. 监督、检查客账结算工作	（1）检查各班现金、票证的上交和保管情况，不定期检查各收银员的备用金	日常性
	（2）检查各旅行社、合约单位以及各记账单位的账务结算是否正确，及时查看客人预交保证金、划押信用卡的情况	日常性
	（3）核对账单，有出入的，及时上报财务部经理	日常性
	（4）监督、控制前厅收银处保险箱的规范使用	日常性
3. 收银员管理	（1）对下属收银员进行业务培训，不断提高其业务水平	日常性
	（2）定期召开员工会议，解决存在的问题，提出改进意见，并掌握员工的思想动态	周期性
	（3）编排员工工作安排表，保证前厅收银工作正常运转	周期性

三、收银处领班岗位职责

岗位名称	收银处领班	所属部门	前厅部	编　号	
直属上级	收银处主管	直属下级	收银员	晋升方向	
所处管理位置	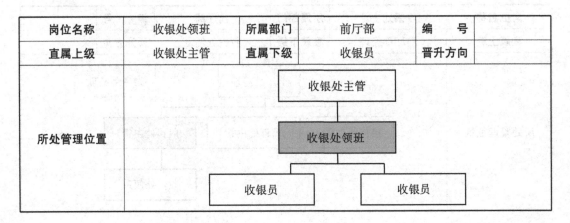				

（续）

职责概述	协助收银处主管管理本班组的收银工作，指导、监督下属员工严格按规范进行收银操作	
职责	**职责细分**	**职责类别**
1. 指导并参与收银服务	（1）指导收银员或亲自热情、耐心、准确、快捷地为客人办理入店离店结算等收银服务	日常性
	（2）编制客人的账单，并协助主管编制特殊客人的账单，保证结账工作顺利、准确地进行	日常性
	（3）与客人积极沟通，了解客人的需求，努力收集客人的意见和建议，并及时上报相关领导	日常性
2. 督导本班收银工作的开展	（1）负责对前厅收银员使用各种票据、文件、合同进行授权，做相关整理及保存归档工作	日常性
	（2）管控备用金的使用，做到每笔业务的出入库手续齐全	日常性
	（3）定期或不定期抽查账目，保证账款收支正确	日常性
	（4）检查交班簿所反映事项的落实情况	日常性
3. 收银处后勤安全管理	（1）督促员工正确使用并爱护电脑、打印机、POS机、验钞机等各种设备，确保设备正常运转	日常性
	（2）检查文具用品等的使用数量，及时制订补充计划	日常性
	（3）负责收银处的消防、安全、卫生等事项的管理工作	日常性
4. 收银处班组员工管理	（1）每天负责检查所属员工的仪容仪表等是否符合规定	日常性
	（2）负责检查员工的考勤，对调班进行批核，做好人事安排和协调	日常性
	（3）监督员工的工作和行为，对员工的纪律问题给予及时纠正和训导	日常性

四、收银处收银员岗位职责

岗位名称	收银员	所属部门	前厅部	编　　号	
直属上级	收银处领班	直属下级		晋升方向	

所处管理位置	收银处主管 — 收银处领班 — 收银员

职责概述	负责为客人结算、收付票款等前厅收银工作，服从收银处领班的安排，为客人提供满意的服务

职责	职责细分	职责类别
1. 做好结账等对客服务工作	（1）严格执行现金、支票、信用卡结算程序，快速、准确地为客人办理结账手续	日常性
	（2）迅速回答客人的问题，积极与客人沟通，主动为客人解决问题	日常性
	（3）将已过账的营业账单，按日期顺序整理后放入客人账夹	日常性
2. 签收单据并整理资料	（1）及时接收、整理接待处转来的客人入住资料，做到交接手续齐全	日常性
	（2）负责签收餐厅及其他部门送来的客人消费单据，并及时入账	日常性
	（3）整理营业单据及营业款项，检查、核对每天收到的现款、票据，保证营业款项的收付正确	日常性
	（4）及时编制营业日报表，交财务部审核	日常性
	（5）对照预期离店客人报表，整理好离店客人的客账资料，确保账单相符和结算额准确	日常性

（续）

职责	职责细分	职责类别
3. 外币兑换	（1）每天根据中国银行公布的外汇牌价，及时更改当天的外汇牌价表	日常性
	（2）领用当天所使用的兑换水单，检查是否连号，是否有短号现象，并办理领用手续	日常性
	（3）领用并配备大小面值的兑换备用金，办理出库手续	日常性
	（4）严格按照工作程序，完成每笔兑换业务	日常性
	（5）认真判断，识别真假货币，发现问题，及时上报	日常性
	（6）准确地编制外币兑换营业日报表，为当天汇总做好准备	日常性

第二节　收银服务岗位绩效考核量表

一、收银处主管绩效考核量表

序号	考核内容	考核指标及目标值	考核实施	
			考核人	考核结果
1	为客人办理结账手续	动作迅速，出错率为0		
2	处理客人投诉	投诉及时解决率达＿＿＿％		
3	在特殊客人到来前编制好账单	客人账单编制及时率达＿＿＿％		
4	监督控制保险箱	保险箱使用出错率为0		
5	培训员工	员工考核达标率达＿＿＿％		

二、收银处领班绩效考核量表

序号	考核内容	考核指标及目标值	考核实施	
			考核人	考核结果
1	为客人办理结账手续	结账迅速，出错率为0		
2	积极与客人沟通，为客人解决问题	周期内客人投诉次数不超过____次		
3	为客人编制账单	账单数据准确率达____%		
4	整理各种票据、文件等	存放有条理，出错率为0		
5	控制备用金，确保每笔业务手续齐全	手续齐全率达____%		
6	负责管理收银处的消防、安全和卫生工作	消防达标率达____%，安全工作达标率达____%，卫生达标率达____%		
7	督导员工正确使用设备	年度设备维修率不超过____%		

三、收银处收银员绩效考核量表

序号	考核内容	考核指标及目标值	考核实施	
			考核人	考核结果
1	快速准确为客人结账	结算账目出错率为0		
2	核对账目	现款与账单一致率达____%		
3	及时更新外汇牌价	外汇牌价从发布到更新不得超过____分钟		
4	向客人提供快速、准确的外币兑换服务	出错率为0，一年内收到假币次数不得超过____次		
5	编制营业报表和外币兑换营业日报	报表数据准确率达____%		

第三节　收银工作程序与关键问题

一、散客结算程序与关键问题

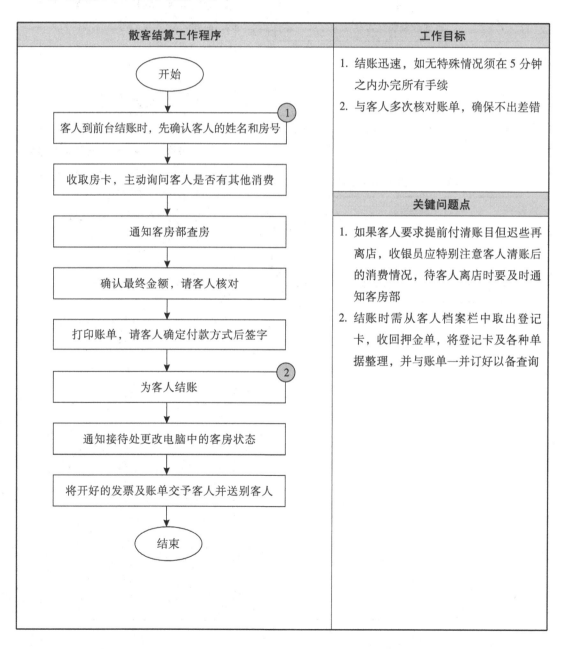

散客结算工作程序	工作目标
开始 客人到前台结账时，先确认客人的姓名和房号　① 收取房卡，主动询问客人是否有其他消费 通知客房部查房 确认最终金额，请客人核对 打印账单，请客人确定付款方式后签字 为客人结账　② 通知接待处更改电脑中的客房状态 将开好的发票及账单交予客人并送别客人 结束	1. 结账迅速，如无特殊情况须在5分钟之内办完所有手续 2. 与客人多次核对账单，确保不出差错
	关键问题点
	1. 如果客人要求提前付清账目但迟些再离店，收银员应特别注意客人清账后的消费情况，待客人离店时要及时通知客房部 2. 结账时需从客人档案栏中取出登记卡，收回押金单，将登记卡及各种单据整理，并与账单一并订好以备查询

二、团队结算程序与关键问题

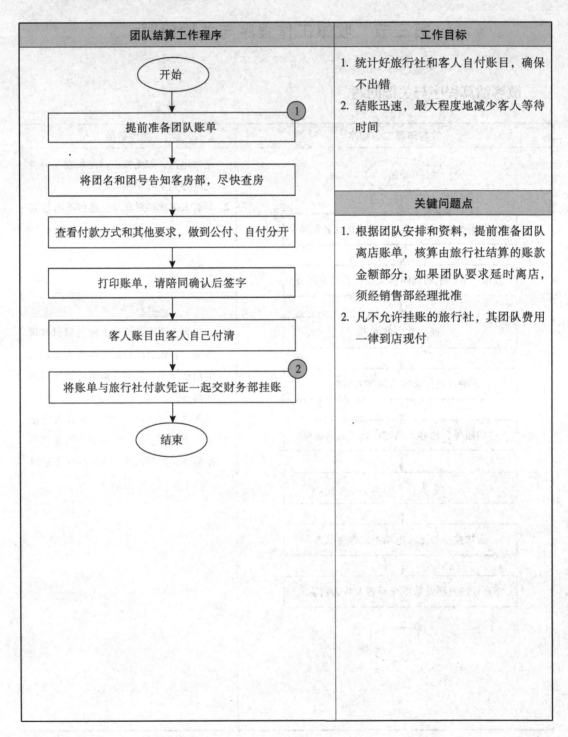

团队结算工作程序	工作目标
开始 ① 提前准备团队账单 将团名和团号告知客房部，尽快查房 查看付款方式和其他要求，做到公付、自付分开 打印账单，请陪同确认后签字 客人账目由客人自己付清 ② 将账单与旅行社付款凭证一起交财务部挂账 结束	1. 统计好旅行社和客人自付账目，确保不出错 2. 结账迅速，最大程度地减少客人等待时间

关键问题点

1. 根据团队安排和资料，提前准备团队离店账单，核算由旅行社结算的账款金额部分；如果团队要求延时离店，须经销售部经理批准
2. 凡不允许挂账的旅行社，其团队费用一律到店现付

三、信用卡结算程序与关键问题

信用卡结算工作程序	工作目标
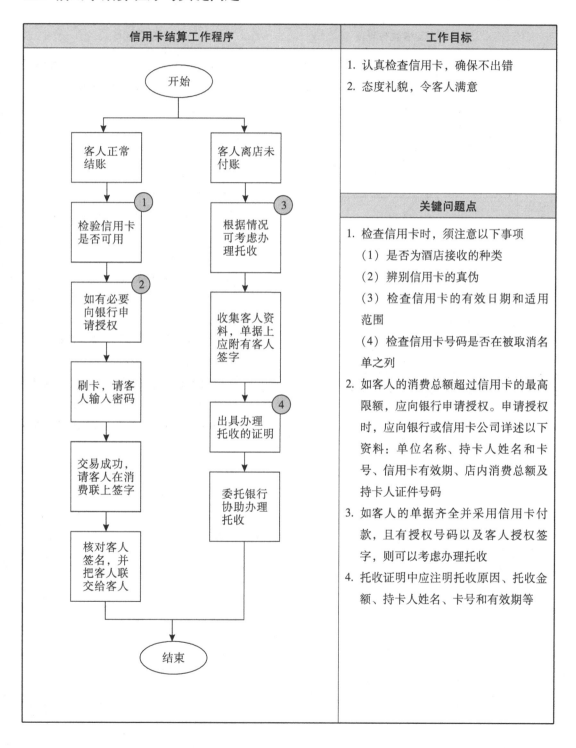	1. 认真检查信用卡，确保不出错 2. 态度礼貌，令客人满意 **关键问题点** 1. 检查信用卡时，须注意以下事项 　（1）是否为酒店接收的种类 　（2）辨别信用卡的真伪 　（3）检查信用卡的有效日期和适用范围 　（4）检查信用卡号码是否在被取消名单之列 2. 如客人的消费总额超过信用卡的最高限额，应向银行申请授权。申请授权时，应向银行或信用卡公司详述以下资料：单位名称、持卡人姓名和卡号、信用卡有效期、店内消费总额及持卡人证件号码 3. 如客人的单据齐全并采用信用卡付款，且有授权号码以及客人授权签字，则可以考虑办理托收 4. 托收证明中应注明托收原因、托收金额、持卡人姓名、卡号和有效期等

四、支票结算程序与关键问题

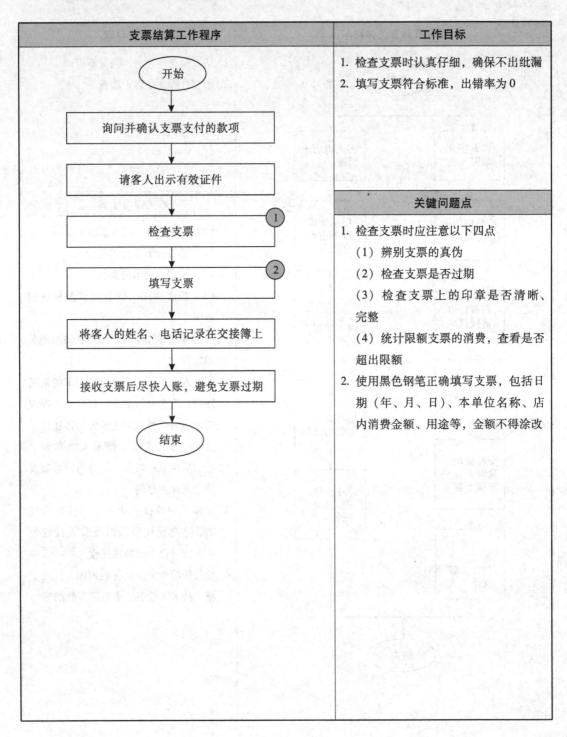

支票结算工作程序	工作目标
开始 ↓ 询问并确认支票支付的款项 ↓ 请客人出示有效证件 ↓ 检查支票 ① ↓ 填写支票 ② ↓ 将客人的姓名、电话记录在交接簿上 ↓ 接收支票后尽快入账，避免支票过期 ↓ 结束	1. 检查支票时认真仔细，确保不出纰漏 2. 填写支票符合标准，出错率为0

关键问题点

1. 检查支票时应注意以下四点
   （1）辨别支票的真伪
   （2）检查支票是否过期
   （3）检查支票上的印章是否清晰、完整
   （4）统计限额支票的消费，查看是否超出限额
2. 使用黑色钢笔正确填写支票，包括日期（年、月、日）、本单位名称、店内消费金额、用途等，金额不得涂改

五、外币兑换程序与关键问题

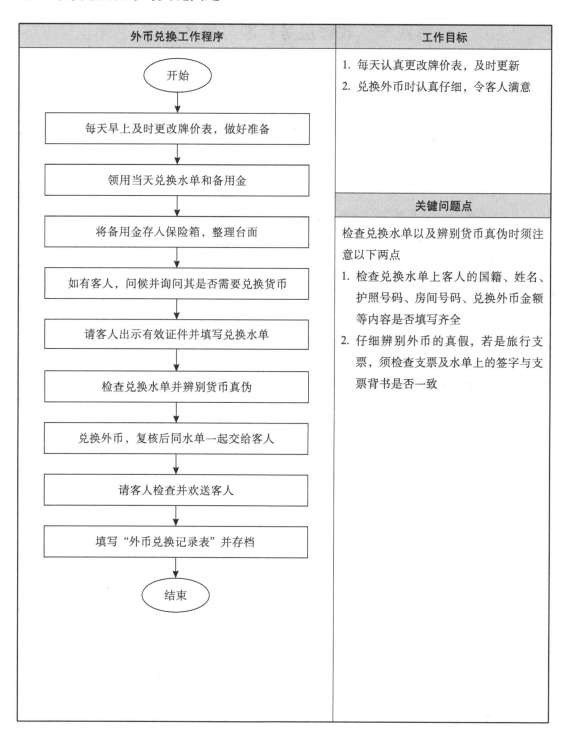

外币兑换工作程序	工作目标
开始 每天早上及时更改牌价表，做好准备 领用当天兑换水单和备用金 将备用金存入保险箱，整理台面 如有客人，问候并询问其是否需要兑换货币 请客人出示有效证件并填写兑换水单 检查兑换水单并辨别货币真伪 兑换外币，复核后同水单一起交给客人 请客人检查并欢送客人 填写"外币兑换记录表"并存档 结束	1. 每天认真更改牌价表，及时更新 2. 兑换外币时认真仔细，令客人满意
	关键问题点
	检查兑换水单以及辨别货币真伪时须注意以下两点 1. 检查兑换水单上客人的国籍、姓名、护照号码、房间号码、兑换外币金额等内容是否填写齐全 2. 仔细辨别外币的真假，若是旅行支票，须检查支票及水单上的签字与支票背书是否一致

第四节 收银服务标准与服务规范

一、收银操作服务规范

酒店前厅部服务标准与服务规范文件		文件编号		版本	
标题	收银操作服务规范	发放日期			

1. 目的

为规范收银员的服务态度，提高收银工作效率，提升客人满意度，特制定本规范。

2. 散客结算服务规范

（1）客人到前台结账时要礼貌问好，如果客人表示没有房费以外的额外花费，但查房时发现其有额外花费的项目，则要委婉地提醒客人，不要直接指出。

（2）要多次与客人核对账单，确保不出错。

（3）严格按实际消费开具发票，不得多开、虚开发票，不得将空白发票联撕给客人。

（4）收付款时，要注意吐字清晰、唱收唱付，提醒客人票款当面点清，结账迅速、敏捷。

3. 团队结算服务规范

（1）提前准备并核算好团队资料和账单，以在结算时节省时间。

（2）团队的费用结算要严格按合同办事，任何情况下都不得将团队房价泄露给客人，如客人要求自付房费，应按当日门市价收取。

（3）结账过程中，如出现账目上的争议，应及时请收银处领班及主管或大堂经理协助解决。

签 阅 栏		签收人请注意：在此签字时，表示您同意下述两点内容： 1. 本人保证严格按此文件要求执行； 2. 本人有责任在发现问题时，第一时间向本文件审批人提出修改意见。	
相关说明			
编制人员		审核人员	审批人员
编制日期		审核日期	审批日期

二、外币兑换服务规范

酒店前厅部服务标准与服务规范文件		文件编号		版本	
标题	外币兑换服务规范	发放日期			

1. 为加强外币兑换处的管理，规范外币兑换服务，特制定本规范。

2. 对于非住店客人原则上不予兑换外币；对于就餐或其他消费的客人，只兑换相当于消费额的外币，并请其出示护照、留下住址。

3. 严禁私自兑换外币，不得挪用备用金或将备用金借给他人。

4. 所收外币须完整、无破损、无裂纹，不准有乱涂乱画和胶带、纸带粘贴的痕迹。

5. 兑换水单须严格控制、认真填写，写错须按作废处理并重写。

6. 每班次领用的兑换备用金须齐备，严禁出现打借条现象。

7. 对于交接日志、牌价本、水单、兑换章等重要财务物品，须加锁管理。

签阅栏	签收人请注意：在此签字时，表示您同意下述两点内容： 1. 本人保证严格按此文件要求执行； 2. 本人有责任在发现问题时，第一时间向本文件审批人提出修改意见。
相关说明	

编制人员		审核人员		审批人员	
编制日期		审核日期		审批日期	

三、前厅现金管理规范

酒店前厅部服务标准与服务规范文件		文件编号		版本	
标题	前厅现金管理规范	发放日期			

1. 为加强前厅现金的管理，保证前厅现金的安全，特制定本规范。

2. 备用金是酒店财务部借支给酒店各营业点收银处的专项款项，只可用于收钱找零、支付客人预收款、外币兑换等用途，不得擅自挪用和转借他人。

3. 前厅备用金要存放在指定位置，由主管或领班指定收银员看管。

4. 负责现金保管的收银员应随时关注现金储备情况，包括备用金剩余金额、现钞面额。

5. 各班次交接备用金时，应认真清点现金余额，双方清点无误后，应认真填写前台现金交接簿，且交接双方须签字。

（续）

6. 若收银员在操作过程中收取了假币或出现现金短款，须由责任人自行全额赔付，遵循"长缴短赔"的原则。 7. 库存现金要做到日清月结、账实相符，不得开"白条"，更不得挪用现金。 8. 不准擅自租借银行账号给任何单位和个人办理结算业务，不得签发空头支票。		

签阅栏		签收人请注意：在此签字时，表示您同意下述两点内容： 1. 本人保证严格按此文件要求执行； 2. 本人有责任在发现问题时，第一时间向本文件审批人提出修改意见。
相关说明		
编制人员	审核人员	审批人员
编制日期	审核日期	审批日期

第五节　收银服务常用文书与表单

一、押金收据丢失登记表

日期：＿＿年＿＿月＿＿日

客人姓名		房间号码	
押金收据号码		金　额	
证件种类	□ 居民身份证	□ 护照	
证件号码			
客人签字 （盖章）		收银领班签字 （盖章）	

二、每日前厅收入日报表

编号：   日期：____年____月____日

部门	交款单号	现金	支票	信用卡	备注
合　计					
代垫及支出					
上期结存					
本期收入					
合　计					
本期支出					
本期结存					

复核人：   制表人：

三、收银交接班日志表

编号：   日期：____年____月____日

编号	交接班时间	交班收银员	接班收银员	应收营业额	实收营业额	差额
盈余或短缺原因						
备　　注						

审核人：   值班领班：

四、发票使用登记表

编号	发票种类	金额	用票人签字	使用时间	备注

审核人：   填表人：

五、外币兑换记录表

客人姓名	兑换日期	兑换币种及金额					汇率	兑换后金额（人民币）	兑换人	备注
		美元	日元	欧元	英镑	其他币种（折美元）				

六、零钱兑换记录表

日期	时间	兑换金额	客持票额张数		兑换票额张数					兑换人	备注
			一百元	五十元	五十元	二十元	十元	五元	一元		

第六节　提升服务质量问题解决方案

一、长、短款紧急处理方案

标　　题	长、短款紧急处理方案		文件编号		版本	
执行部门		监督部门		考证部门		

1. 为防止在收银和外币兑换工作中出现长、短款现象，及时处理已发生的长、短款问题，特制定本方案。

2. 本方案适用于前厅收银处所有工作人员。

3. 交接班时，若发现存在长、短款问题，由前一当班人自查。

4. 确认出现长款后，要如实登记，并由当班人员将长款部分投入保险箱，若最终调查无果，则将其转入酒店营业外收入。

5. 如确认出现短款，也要由当班人如实登记，原则上一律由个人赔偿，开出财务部正式收据凭证，冲销其短款金额。

相关说明	

二、收银服务质量提升方案

标　　题	收银服务质量提升方案		文件编号		版本	
执行部门		监督部门			考证部门	

1. 目的

为了提升收银处工作人员的服务质量，特制定本方案。

2. 收银服务

（1）在客人入住时了解客人的付款方式，提前做好准备，以在结算时节省客人的时间。

（2）在与客人谈论金额问题的时候，一定要特别注意顾及客人的自尊心。

（3）要随时保持冷静的头脑，不论客人的态度如何，都要对客人保持亲切、有礼貌。

（4）若账目出现错误，一定要尽快解决，必要时请领班或主管协助解决，以使客人满意。

3. 外币兑换服务

（1）熟练掌握外币真假币辨别方法，防止假币流入。

（2）熟记每天汇率，确保兑换外币准确无误。

（3）不断提高英语水平，掌握与外币兑换有关的各国常用语。

相关说明	